川村湊
KAWAMURA Minato

ハポネス 移民村物語

Japonés

インパクト出版会

ハポネス移民村物語

目次

序章 移民と棄民

第一章 カリブ海の楽園ドミニカ

第二章　ボリビアの二つの日本人村

第三章 ペルー・チリの日本人たち

第四章 パラグアイの〝小さな日本国〟

第五章 コロンビアの日系人

終章　もう一つのラテンアメリカ文学

序　章

移民と棄民

1. 近代日本の移民

「移民」というと、これまで、血湧き肉躍る冒険譚や新天地への航海譚や、あるいは新大陸の牧場主や農場主となって大富豪になるといった希望や夢物語とともに、農漁山村の絶対的な貧困や、大都市、地方の中小都市における社会的不平等や差別などの国内の条件から抜け出すために、あえて海外の地に希望を見出そうとする人々といったイメージが強い。

日本がまだ、後進国として開発途上にあった時代、近代の初期、すなわち現代の黎明の時期、狭い日本の国土に見切りをつけ、夢を海外にかけた日本人たちがいた。

〝元年者《がんねんもの》〟といわれる明治元年（一八六八年）のハワイ、グアムへの農業移民を皮切りとして、狭隘な日本列島を抜け出し、海外雄飛を試みた日本人は少なくなかったのだ。アメリカ合衆国やカナダへの北米移民、そしてペルーからブラジル、アルゼンチン、ボリビア、パラグアイ、チリへと移住地を探し求めた戦前の南米移民。そして大日本帝国のアジア進出に伴って行われた、台湾、朝鮮、樺太（サハリン）、南洋群島（ミクロネシア）、東南アジア地域、さらに〝満洲〟移民。北へ、南へ、そして東へ西へと、日本人たちは、近代を通じて、飽くことなく海外の地へと〝進出〟し続けたのである。

ただし、近代初期、日本人として（正式に）最初に海外に渡ったのは、幕末期に、江戸幕府から〝パスポート（御印章）〟を貰ってヨーロッパへ渡り、パリの万国博覧会での興行で評判をとったという隅田川浪五郎一座一行という足芸の芸人たちだった。その後、軽業やサーカス芸人、見世物興行などの海外放浪の下層の芸能民や、香港やシンガポール、ジャワやボルネオ、マラヤなどの東南アジアに進出した日本人娼婦宿で身を鬻《ひさ》いだ「からゆきさん」と呼ばれる、多くは天草など九州出身の娼妓たちがこれに続いた。

狭小な土地に、一億人ほどの人間が住む日本は、香港やマカオ、都市国家であるシンガポールなどを除けば、人口密度が最高度に高い国であることは明らかだ。今世紀に入って、人口減少が語られ、少子化によって国力の低下が危ぶまれるようになる以前には、人口過剰や食料の不足、労働者の雇用不足、住居環境の劣悪さこそ、日本の最重要の課題だった。

とりわけ、農耕地不足は、古来、主要産業であった農業の不振につながり、一戸あたりの農家の農地面積の狭小さは、単独での農業経営を不可能にさせるほどと思われていた。それに、封建的な地主―小作農の問題や、土地制度の非近代性と相まって、農業民の国外送出の圧力は、近代化とともに、増大してきたといってよい。

サトウキビやバナナやブドウやパイナップル農園へのハワイ、グアム移民、小麦や綿花農業への北米移民、コーヒー農園などへの南米移民、そして稲作はもとより、マニラ麻や天然ゴムなど特殊な作物の栽培のための周辺アジア諸国への移民など、農業移民が主であり、その移民政策の謳い文句は、〝広大な土地が与えられ、大地主となれる〟というのが、十分な土地を持てなかった小作農や零細農家が農業移民として海外に惹き付けられた主要な動機である。

しかし、当然のことながら、移民の受け入れ側には、また別の違った要因と理由があった。ペルーやブラジルから国境を超えて、アルゼンチンやチリなどに不法に移住していった不法移民を除けば、日本国家や公的機関、公益会社や移民会社などが主体となった自由移民という名の〝国策〟移民だった。国家間で、移民に関する本当の目的や条件が隠された形で、事業が遂行されることも珍しくはなかった。

たとえば、歴史的にも移民受け入れの大国であるブラジルは、十七世紀からはじまる、長い期間、コーヒー農園の樹木の手入れやコーヒー豆の収穫などの労働をアフリカから連れて来られた黒人奴隷が担っていたが、十八世紀の奴隷解放によって労働力不足が深刻になると、まず貧しいヨーロッパ諸国(イタリア、ポルトガル、スペインなど)からの移民を導入した。

しかし、その奴隷時代さながらの待遇の酷さや、労働条件の劣悪さに、各国が自国民の保護のために、労働移民の送出を止める段になって、その代りとして日本人労働者の受け入れを決めたのである。

コーヒー農園で働けば、大きな現金収入が得られ、それで土地を買い、農園主となることも夢ではない。それが、当時の日本でのブラジル移民の謳い文句であり、それに踊らされて実際にブラジルに渡ったのが一次移民だったが、過酷な労働条件のうえ、天候不順によるコーヒー豆の不作や、その時の国際相場の下落などで、勇躍してブラジルへ渡った日本人移民たちのなかから、契約期間を満たさずに、逃亡や転職、帰国する人間が続出したのである。農園の経営主は、黒人奴隷の代わりに、東洋人の〝奴隷的労働者〟を雇ったという程度の意識しかなく、宿舎や食事などの条件は契約条件に違反し、不当に安い賃金の支払いは滞《とどこお》り、抗議や怠業には、銃や鞭で、強制的に就労させることもあったという。

こうした南米（ブラジル）移民の苦難の歴史は、文学作品としては、一九三五（昭和十）年に第一回の芥川龍之介賞を受賞した石川達三（一九〇五〜一九八五）の『蒼氓』（一九三五年、改造社）や、北杜夫（一九二七〜二〇一一）の『輝ける碧き空の下で』（一九八八年、新潮社）、高橋幸春（一九五〇〜）の『蒼氓の大地』（一九九一年、講談社）や、角田房子（一九一四〜二〇一〇）の『アマゾンの歌日本人の記録』（一九六六年、毎日新聞社）などの小説やドキュメンタリー作品に描かれている通りで、〝海外農業移民〟が、祖国日本から見放された〝棄民〟として、在外公館の保護もなく、関係官庁のきわめて非人権的な対応もあって、非常に多くの困難と苦闘を強いるものとして、形象化され、喧伝されたのである。

石川達三は、早稲田大学を中退したあと、一九三〇年に移民の監督者としてブラジルに渡り、農場などを視察して帰国した後、その時の見聞を基に『最近南米往来記』（一九三一年、昭文閣書房）というドキュメンタリー作品を出版している。小説『蒼氓』は、その時の体験を基にブラジル移民たちの悲惨さや困難さを描いたもので、それが事実によって裏打ちされたものであることを証明している。

ブラジルに渡る移民たちは、主に冷害に苦しめられた東北地方出身の零細農民たちで、彼らは、神戸にある移民収容所の劣悪な環境で渡航までの日々を過ごし、その後、千人近い人々が長期間にわたり貨客船の狭い船底の船室に押し込められて航海に就いたのである。そうした移民たちの悲惨な海外渡航の実態が、リアリズム的手法で描かれる。

絶え間のない揺れと、エンジンの振動と騒音と臭気。海を見たこのない、海なし県の農村地帯の出身者たちは（海のある県で生まれ育っても山間部ではあまり違いはないだろう）、驚天動地の体験を味わなければならなかったのである。

長い船旅、南回りの航海は、シンガポールに最初に寄港し、インド洋を渡り、喜望峰を回って大西洋に出て、ブラジルのサントス港に到着する。太平洋を渡る北回り航路は、ハワイを経て、パナマ運河を越える。

いずれにしても、南米に着くには二か月近くかかったのである。その間の船旅には、事故や伝染病や盗難も発生する。ただでさえ、先行きに不安を抱えた人々の間で、船客同士のいさかいや啀《いが》み合い、不和や喧嘩も闘擾《とうじょう》もあった。

航海中には風紀の乱れや不倫もあった。嘔吐物や排泄物の悪臭による息苦しさと胸苦しさに、いっそ海に飛び込みたいと思うような船客たちもいなかったわけではないだろう。そして、老人、子供、病弱者の死。まさに、海外移民船の船内は、〝娑婆苦《しゃばく》〟のすべてが詰まった〝苦の世界〟だったのである。

それだけではない。乗船前に聞かされていた、移民を勧誘する官民の機関や、移民斡旋会社の甘言とは違って、新天地での移民生活の本当の実態がぼつぼつと伝わってくる。新しい生活に対する希望も期待も、いつかは海の泡のように砕け散ってゆくことを知らなければならなくなる。移民とはいいながら、実態は、難民、流民を生み出す事業や政策だったといっても過言ではなかったのだ（もちろん、船内での赤道祭や、子供の誕生や結婚式など、おめでたく、楽しいことが皆無であったわけではない）。

エリス島の移民博物館

目的地の港に着いたからといって、それですべてが万事落着というわけではなかった。これは、北米移民の例だが、自由の女神の立つ、ニューヨークのマンハッタンの港の入り口に、エリス島という入国者（移民）を鑑別する関所（税関）があった。今はエリス島の移民博物館として博物館となっているが、そこの展示物に明らかに日本人向けのカードがあった。

そこには、カナで「あなたは、このふだをみたらみぎてをあげなさい」とか、「うしろをふりむきなさい」といったような文字が書かれてあり、入国審査官の前で移民は一人一人、カードに書かれた内容の動作をしなければならなかった。右手をあげたり、後ろを向いたりしなければならなかったのだ。北米への移民は、最低条件として、母国語の読み書きができることとなっており、つまり文盲ではダメだったからだ。

また、伝染病はもちろんのこと、流行性の眼病のトラホームは、家族のうち一人がそうであっても、入国を許されなかった。労働のできる成人が三名以上の家族とか、移民条件は、その受け入れ国によって、厳しく設定されていたのであり、目的地を目の前に泣く泣く帰国船に乗せられるということもまったくなかったわけではないのである。

さらに、何らかの理由で、迎えに出るはずの移民会社の社員がいなかったり、知り合いの仲介者が迎えに来ていないということもしばしばあった（南米では、交通の遅れや乱れは日常茶飯事だった）。文字通り途方にくれ、ブラジル入国の港サントスの波止場（ここから移民たちは目的地の内陸に列車やトラックなどで、また何時間、何日も奥深く行かなければならなかった）で、心細さに責め立てられながら、数日間も待ち続けたという場合も少なくなかったのである。

北杜夫の長篇小説として〝ブラジル移民史〟の大作である『輝ける碧き空の下で』は、実際の移民体験を持つ小説家である醍醐麻沙夫（一九三五〜）のドキュメンタリー作品の『森の夢』（一九八一年、冬樹社）や半田知雄（一九〇六〜一九九六）の『移民の生活の歴史——ブラジル日系人の歩んだ道』（一九七〇年、サンパウロ人文研究所）などの移民の記録を下敷きとしており、移住地に着く前、そして移住地に着いてからの営農や開拓農業の苦難、苦闘の生活の迫真的描写がまさに現実のものであり、事実のものであることを確認させるものだ。

海外移民のイメージは、こうした文学作品によって形成されたといっても過言ではないのである。

2. 戦後移民

第二次世界大戦、アジア太平洋戦争といわれる日本とアメリカ合衆国との戦争の勃発は、日本人の北米移民の問題に端を発していることは、あまり知られていないことかもしれない。ハワイ、そしてカリフォルニアなどの米国の東海岸地帯に、多くの日本人の農業移民が渡っていったのは、一八〇〇年代から一九〇〇年代の百年以上に及ぶ、人間の大移動といってよかった。農業移民だけではなく、漁業移民、都市部への商業、雇傭労働者としての移民、〝ホーボー（この語源は、日本語の〝方々〟（に移り行く）だという説がある）〟とかブランケット・マン（毛布一枚を持って渡り歩く労務者）と呼ばれた季節的で、流動的な底辺労働者としての日本人移民は、アメリカ社会で〝移民制限〟の対策を考えさせるほどに、増大したのである。

下層の低賃金労働者間での摩擦や競合、社会問題の惹起は、アメリカの底辺の労働者層に〝移民排斥〟の運動を引き起こしかねないまでに進展した。サンフランシスコ地震の際には、多くの中国人移民が、いわれのない差別と虐待を受けた（いわゆる黄禍論であり、帰化不能移民とまで言われた）。

アジア系には、国別の移民数の制限をし、独身者の移民が、母国から見たこともない結婚相手を渡航させる、いわゆる「写真結婚」（写真花嫁といわれる）を禁止するなど、明らかに（アジア系全般と日系移民を対象とする差別的な圧迫は強まり、ついに一九二四年に、いわゆる「排日移民法」が制定される。これは表向きには日本人のみの移民を禁止するものではなかったが（白人以外の移民の禁止）、時の日本政府や知識人層は〝排日〟を目的としたものとして、反撥し、反米感情を募らせたといわれる。また、〝満洲〟など周辺アジア地域への移民の動きを加速させ、それが日米戦争、日中戦争の遠因となったとされるのである。

シアトルのパナマホテル

カナダ、メキシコを含めた北米の日本人移民については、古くは、その鮭鱒漁業の下働きや、北洋材の伐採労働の体験者である、翁久允《おきなきゅういん》（一八八八〜一九七三）の『アメリカ・ルンペン』（一九三一年、啓明社）や『大陸の亡者』（一九三八年、高志書房）などの文学作品がある。米国のシアトル、カナダのバンクーバーには、こうした労働移民を主体とした日本人街があり、食堂や旅館や書店までもあった。シアトルの旧日本人街には、日本人向けの銭湯があった「パナマホテル」が現在でもホテル、カフェとして残されている。日本文学ではないが、映画にもなったジェイミー・フォードの『あの日、パナマホテルで』(集英社文庫)は、妻を亡くした中国人ヘンリーが、日系移民の少女ケイコ(強制収容所に収容された)を探し求める哀切な物語だ。日系人にゆかりのあるパナマホテルと、その周辺のかつての日本人街(今は中国人街の雰囲気が強い)が、印象深い舞台となっている。

浮浪者的日本人については、長谷川海太郎(一九〇〇〜一九三五)(谷譲次)の『テキサス無宿』(一九二九年、改造社)や『踊る地平線』(一九二九年、改造社)などの〝めりけん・じゃっぷ〟ものがあった。日本語訛りの英語を駆使して、米国社会を渡り歩く主人公は、作者の長谷川海太郎自身の渡米体験が豊富に盛り込まれている。

井上靖(一九〇七〜一九九一)の『わだつみ』(一九七七年、岩波書店)は、サンフランシスコ生まれの日本人青年を主人公に、北米移民の世界を描いた大河小説だ。

久生十蘭(一九〇二〜一九五七)には『紀ノ上一族』(一九九〇年、沖積舎)があり、紀州からアメリカ合衆国、パナマ、バージン諸島へと移民として渡って来た、紀伊半島出身の移民の〝紀ノ上〟の一族全員が、卑劣なアメリカ人によって、根絶やしにされるまでの、移民残酷物語といってよい。〝排日移民法〟制定に対する、日本における反米感情の高まり、日米開戦における〝鬼畜米英〟観の象徴的な文学作品といえないこともないが、北米、中南米への移民の一族の悲惨な運命を描いて、日本人移民の厳しい歴史を通観しているものともいえる。

深沢七郎（一九一四〜一九八七）の『甲州子守唄』（一九六四年、講談社）には、戦前に出稼ぎ労働者として米国へ渡った、甲府の笛吹川のほとりに住んでいた貧民の主人公の戦前・戦中・戦後が描かれている。ただ、作中では戦前の米国での彼の体験は描かれず、どんな仕事をして、どんな体験をしていたかは明らかとなっていない。

作者の他の媒体での発言と照らし合わせると、当時、農業移民以外で米国の都市へ渡って行った日本人が多く就いたのが洗濯業であり、米国人の女性の下着や汚れ物を洗う洗濯業は、故国では秘密にしておきたい、〝賤業〟視されるものだったという。主人公の彼は、自分の母親である「おかか」にもその仕事について口を噤んでいた。そして、帰国の際にその仕事によって、どれだけの稼いできたかということも。それは、渡米からの帰国者が守るタブー化された事柄だったのである。

前田河《まえだこう》広一郎《ひろいちろう》（一八八八〜一九五七）の『三等船客』（一九二一年）は、『蒼氓』などとは逆に、長い異国での移民生活から足を洗い、サンフランシスコからハワイのホノルルを経て、横浜港に帰って来るまでのサンフランシスコ—横浜航路の船の三等船室で帰国する日本人たちの物語である。

失意、落魄の異国生活を送ったものが大半で、酌婦のような女や、小金を握って帰る者も、下等の船底の客たちの間で行われるトランプ賭博で、長い労働と辛苦の果実である持ち金を磨り減らしてしまう。夢を見て渡った異国ももちろん天国ではなかった。尾羽打ち枯らして帰る日本行きの三等船室には、失意と絶望、後悔と窮乏とが、移民以前と同じように母国で待ち構えているだけなのである。帰国する移民たちが登場人物であっても、近代初期の日本人移民が、いかに悲惨で困難な生活を強いられなければならないかというテーマは、『蒼氓』と共通するものであることはいうまでもないのである。

移民として成功した例が出てくるのは、村田喜代子の芥川賞受賞作『鍋の中』(文春文庫)である。お祖母さんの弟がハワイ移民として大成功した。その存在すら忘れてしまっていた叔父さんからの招待を受け、甥・姪の夫婦は喜んでハワイへ行く。残された子どもたち(いとこ同士)とお祖母さんとのひと夏が、ファンタジックに描かれる。


移民問題が、日米戦争の遠因となったと語ってきたが、では、その日米戦争が、日本側の完敗によって終結した「戦後」において、移民に対する考え方やその実行事業はどうなったのだろうか。ただでさえ、狭隘な国土に、朝鮮や台湾、満洲や樺太(サハリン)、南洋群島(ミクロネシア)にまで出かけていた日本人移民たちが引き揚げ民として帰ってきたのだ。植民地政策として、「大日本帝国」は、その版図にある〝大東亜共栄圏〟内の地域に多くの移民を送り込んだ。そして、その送り出した人々のほとんどすべてが敗戦後に帰ってこざるをえなかったのだ(帰ってこなかったのは、引き揚げの混乱のなかで死んだ人と、残留婦人、残留孤児となった人々だった)。

太平洋の島々や、東南アジアの各地にまで進出していた日本軍の兵士たちも続々と復員してきた。彼らの多くは農家の次、三男として、親代々の農地を継承せず(長男が相続した)、いわば〝田分け〟(狭隘な田畑を兄弟の数の分だけ分割して相続することを、〝田分け〟＝戯《たわ》け、愚か、と呼んだという――水上勉の言葉――ただでさえ一戸当たりの耕地面積の少ない日本の農家で、土地を分割相続させることは、愚行以外のなにものでもなかったのだ）をしないための、口減らし対策として、「外地」に赴いた人々だった。

郷里に戻って農業をやろうにも、彼らには、もともと、耕すべき寸土もなかったのである。そして、戦後直後のベビー・ブームが始まる。ただでさえ、満杯の日本が、厖大な人口過剰と向き合わなければならなくなった。

また、戦後の高度経済成長による産業構造の変化は、多くの離職者、失業者を生み出した。石炭から石油へのエネルギーの変革は、北九州の筑豊や長崎地方、北海道の石狩地方の炭鉱、炭田から多くの職を失った労働者の群れを生み出したのである。

彼らの一部はブラジルやボリビアへと向かった。地底の仕事から地上の仕事となったのだが、そこはジャングルによって陽の光も射さないような暗闇の世界であったことに変わりはなかった。炭鉱離職者のブラジル移民をテーマに、上野英信（一九二三～一九八七）は『出ニッポン記』というドキュメンタリー作品を書いている。

その一つの解決法と考えられたのが、やはり「移民」だった。とりわけ、左翼活動や過激派の温床となりそうな下層の農民、部落民、炭鉱離職者などの失業者、游侠者を、厄介者払いするのに、海外移民は最適だった。『南米「棄民」政策の実像』（二〇一六年、岩波書店）を書いた遠藤十亜紀希は、戦前も戦後も、日本社会の混乱の「政治的ガス抜き」としての効用を持っていたと主張している。そうした厄介者を追い出す行き先として、戦前から行われ、実績のあったブラジルなどの南米がターゲットとなった（韓国では朝鮮戦争の際に捕虜となった〝北〟の兵士を南米へ移民として送ったという実例があった。やはり厄介者払いである）。

ブラジル（のアマゾン地域）、そしてドミニカ共和国（カリブ海には、ドミニカ共和国とドミニカ国との二つの〝ドミニカ〟があるので、あえて共和国を付す。以下、ドミニカという国名はドミニカ共和国を指す）、ベネズエラ、コロンビア、ボリビア、パラグアイと、中南米の国々に外務省や農林省の調査団が行き、日本の移民政策、移民行政は始まった。それは戦前の国策としての「移民政策」を反省し、きちんと見直しをしてから始めるべきものだった。

だが、その現実はまったく違っていた。不誠実で無能力な現地調査と、相手国とのいい加減な交渉と協定。予算獲得の都合やノルマの達成を目指すだけの無謀な計画。外務省や農林省など、監督各省の縄張り争いと、当事者を無視した官僚的な対応と不親切。戦前・戦中の〝満洲百万人移住計画〟の失敗と悲劇をひとつも反省・自省することなく、帝国主義と官僚主義による、ほとんど同様な失政と愚策とが繰り返された。後に、「移民」ではなく、国家による〝棄民〟だったと非難を浴びるような事態が、出来《しゅったい》した。その多くは、戦前の移民政策の失敗から学んでいれば、避けられたかもしれない〝失策〟だったのである。

3. 逆流の移民

戦後の日本人移民は、〝逆流〟だった。川の水は高いところから低いところへと流れ、人間（移民）

は、生活程度の低いところから高いところへ流れる、と、移民行政に長く携わり、自らも実践的な移民体験があり、研究者（批判者）でもあった若槻泰雄（一九二四〜）は語っている。アイルランドや、イタリアのシチリア島からのアメリカ移民や、戦前の日本からのハワイ移民、北米移民がそうだった。生活レベルや、子弟の教育環境や文化程度の向上を目指して人は地球上を移動してゆくのであって、それが〝自然な〟人流であると考えられてきた（近年のシリアやアラブ、アフリカからのヨーロッパへの、また中南米から米国への移住の流れもそうだろう）。

しかし、一九五六年からの日本人の中南米への移民は、こうした〝自然の法則〟に逆流していた。きわめて単純な比較だが、一九六〇年当時、日本の一人当りの国民所得（推定、三二四ドル、二〇一三年現在では、二四万六千ドル）を百とすると、移民先のボリビアで二十八パーセント、パラグアイで四十パーセント、ブラジルで四十六パーセント、アルゼンチンで百六十三パーセントとなる（若槻泰雄『外務省が消した日本人』二〇〇一年、毎日新聞社）。

つまり、日本よりも所得指数が上回るのは、南米のヨーロッパといわれる白人国アルゼンチンだけで、他の国は日本の半分にも満たない国民所得しかなかったのである。とりわけ、ボリビアは、世界最貧国といっていい水準だったのである。若槻本にはドミニカついての数字はないが、ボリビアと同じ程度と見て、まず間違いはないだろう。

コーヒーやゴムのような国際的な商品を大規模に栽培するブラジルの農場主となるのならば別だが、ボリビアやドミニカやパラグアイで、現地の農民と競合する形で、現地消費の作物を作ったところで、現地の農民の経済水準を遥かに追い越すだけの生活を営めるはずがない。つまり、ボリビアなどでは、日本にいた時の三割弱の収入で生活しなければならないということだ。

もちろん、これは絶対金額ではなく、その国の水準に合わせた相対的なものだ。これでは、生活の質の向上を目指しての移民の意味はまったくといっていいほど、ない。差別的な言い方だが、「土人」と同程度の生活をするために、あえて移民に行く愚かな人間はいない。それはつまり、巧言や甘言、外務省や移民送出の機関や組織の〝うまい話〟に騙《だま》され、欺《あざむ》かれた結果にほかならない。

若槻泰雄の前掲書には、ボリビアのサンファン日本人移住地についての、イリノイ大学T・S・イデ教授の論文の一部が引用されている。それを重引すると「サンファンの日本移民は世界でもっとも高度に工業化された国から、最も発達の遅れた国へ、しかも、その国の文化・経済の停滞した地区へやってきたのであった……母国の最も過疎化した寒村が、受け入れた国の首都よりも文化的に進んでいたことになる……彼らが要求された適応は、おそらくこれまで世界の未開拓地の入植者に求められた如何なる適応よりも、最も困難なものであったろうと思われる」というのである。

もちろん、これはボリビアのサンファン移住地に限ったことではない。ハイチとの国境地帯のドミニカの移住地。アマゾンの奥地の原始林の開拓地。パラグアイやコロンビアの密林地帯。現地人、原住民さえ入り込むことのできない未開拓地に〝国策〟によって送り込まれた日本人移民は、文字通り〝棄民〟といわれてしかるべき境遇に置かれたのである。

4. 日本人と日系人

二〇〇九年から、二〇一六年の八年間、私は、夏休みの一か月間に、中南米の各国を訪れるということを続けてきた。前章までにあげてきた「日系移民文学（文化にまで広げてもよい）」の研究を思い立ったからである。

これまでに、ブラジル、アルゼンチン、ペルー、ウルグアイ、パラグアイ、チリ、ドミニカ共和国、ボリビア、メキシコ、コロンビアを歴訪した（同行してくれた調査団の仲間、韓国・東国《トングク》大学校の金煥基《キム・ファンギ》教授、法政大学国際文化博士課程の大学院生（当時）守屋貴嗣氏、東京外国語大学大学院スペイン語専修博士課程（当時）の高木佳奈氏には、感謝するばかりである——これらのメンバーのうち、南米の共通語であるスペイン語を操れるのは一番年少の高木氏だけであり、交渉、通訳、翻訳、ガイドと、八面六臂の活躍をしてもらった。彼女がいなければ、この調査は成立しなかったわけで感謝に堪えない）。

これらの国々には、多かれ少なかれ、日本人移民の足跡があり、現在も日系人のコロニアがあったり、日系人のコミュニティーがある。〃ハポネス JAPONÉS（女性名詞は、ハポネサ JAPONÉSA）〃というのは、スペイン語で「日本人」ということだ（南米ではブラジルだけが、公用語はポルトガル語で、ジャポネースという発音となる）。

ところで、私はこれまで「日本人移民」と書いてきたが、「日系人」（NIKKEI と表記する場合がある）というい方もある。日本人と日系人との違いはどこにあるのだろうか。スペイン語の〃ハポネス〃

には、日本人、日系人の両方の意味がある。というより、この二つを明確に区別していない。単純に考えれば、日本人とは、日本の国籍を持つ人間であり、日系人は民族的には日本人でありながら、すでに日本国籍を失い、外国籍となっている人々ということができる。

しかし、日本人移民の二世や三世のように、出生地主義（血統と無関係に、その国の領域内で生まれれば自動的に当該国の国籍となる。ブラジルなど、南米の国に多い）で国籍を取得できる国で生まれた、日本人の子弟もその国の国籍を取得することができて、二重国籍となる場合が多い。この場合は、日本国籍も持つのだから、日本人ともいえるし、外国籍があるのだから、日系人ともいえる。

以下の章で論じる、ドミニカ、ボリビア、ペルー、チリ、パラグアイ、コロンビアの場合、それらの国に日本から移民として渡った人たちの間では「日本人」と「日系人」とが使い分けられるが、ドミニカでは一世以降の二世、三世の間ではドミニカ人との混血が進み、日本国籍を有していても日系人とする場合が多く、ボリビア、パラグアイでは、混血で二重国籍の場合でも「日本人」と名乗る場合が多いようだ。しかし、これは相対的なもので、はっきりとした使い分けがあるわけではない。

ペルーやブラジルやアルゼンチンのように、南米でも、古くから日本人移民が渡って行った地域では、〝日系人〟といういい方の方が普遍的であり、日系ブラジル人、日系アルゼンチン人、日系ペルー人といういい方に何の問題もないだろう（厳密に定義することは難しいが）。

逆に、ドミニカ、ボリビア、パラグアイにおいて、集団で移住した移民たち（とその子孫）が「日本人」と名乗るのは、むしろこの四か国の日本からの移民が〝特殊〟なものであったことを示しているのかもしれない。一つは、これらの国への移民が、一九五〇年代に始まった、いわゆる〝戦後移民〟であって、半ば国策として中南米の地に送り込まれた人々であったということだ。もちろん、海外移住そのものは個人や家族の自由意志によるものだが、政府機関や地方自治体が募集や斡旋をし、専門的な政府の外郭団体である「海外移住協会」、のちに「海外協会連合会」(略称、海協連)、そして「海外協力機構」(JETRO＝ジェトロ)が、そのアフターケアまでも含めて、海外移住事業の全般的な業務を請け負っていた。

しかし、日本政府が示した移民募集の内容と、現実とがあまりにも乖離《かいり》していた。外務省や現地の日本公館が移民先の国の当局と結んだ(あるいは合意した)という移民協定の内容と、移住していった人々の前に現実的に示された条件や契約とには、あまりもの落差があったのである。

調査不足や分析不足、そして準備不足。問題点については、未決定や未交渉、未解決の項目も多く、拙速などというレベルではない、意図的な怠慢や欺瞞と思われる事態が引き起こされているのである。これはもはや移民ではなく、〝棄民〟だ。とりわけ、劣悪な環境の移住地を選ばされたドミニカ移民は、国家による不作為な〝棄民〟政策だったと、日本政府を糾弾したのである。

戦前の移民は、移民斡旋会社や、移住紹介業者による、人身売買にも似た海外移民が行われた。

総理大臣や大蔵大臣を歴任した高橋是清(一八五四～一九三六)が、明治以前の早い時期に留学生として渡米し、人身売買同様の目に遭って、奴隷的な境遇に陥ったことは『高橋是清自伝』(原本は一九三六年、斗南書院。中公文庫版は一九七六年）に詳述されている。

戦後移民は、そうした悲惨さや残酷さの代名詞のように思われていた海外移民を、希望や未来を託すものとして再開させたはずだった。日本政府が関与し、受け入れ国との外交的交渉を経て、合理的で互恵的な移民協約を国家間でむすび、移民業務が遂行されるはずだったのだ。

しかし、そうではなかった。戦後移民の代表的な例である、ドミニカ、ボリビア、ペルー、チリ、パラグアイ、コロンビアへ移住した日本人、日系移民の研究は、それぞれの地元において、自らの移住史（移民史）をまとめたもののほかには、ほとんどないといっても過言ではない。また、他の国、地域との比較において眺めたものも、また少ない。それらの移民地の実例を見ることによって、このことを検証してみようというのが、本書の執筆の意図なのである。

第一章

カリブ海の楽園ドミニカ

1. 日本語学校校歌

こんな〝校歌〟がある。

みどりあふれる　キスケージャ
わたるかぜは　おともだち
だいちにのこる　ちちははの
どりょくと　あせを　おもいつつ
ぼくらは　きょうも　まなびあう
ぼくの　わたしの　にほんごがっこう

ひかりあふれる　キスケージャ
カリブのうみも　おともだち
だいちにえがく　ちちははの
おもいを　むねに　いだきつつ
わたしも　ともに　まなびあう
ぼくの　わたしの　にほんごがっこう

歌詞にある〝キスケージャ〟というのは、ドミニカのある島、カリブ海に浮かぶ西インド諸島の一つであるイスパニョーラ島の現地でのいい方（美称）だ。ドミニカのあるイスパニョーラ島は、およそ三分の二がドミニカ共和国で、三分の一がハイチの領土である（なお、前述したように、カリブ海には、ドミニカ共和国とは別の、ドミニカ島にある「ドミニカ国」もある）。

限りなく、青く広がる海のなかに浮かぶ、椰子の木の茂る熱帯の島。赤や青や緑の原色の花が咲き乱れ、珊瑚礁の海には、やはり原色の熱帯魚たちが泳ぎ、強い日射しに焼かれた小麦色の肌をした娘たちが、マンゴーやバナナやオレンジやパイナップルなどの果実の籠を頭の上に持って歩いている。

私たちが持つドミニカやカリブ海のイメージは、そんなトロピカルな色彩に彩られた、きわめてポピュラーで、通俗的なものでもあるだろう（ほかには、カリブの海賊だろうか）。そんな観光ポスターのイメージのなかに、「にほんごがっこう」というのが出てくるのは、ちょっと異色である。

「ぼくの　わたしの　にほんごがっこう」という言葉から、これがドミニカにある日系移民の子弟を対象とした「日本語学校」の校歌であることが分かる。日本国際交流機構（いわゆるＪＩＣＡ＝ジャイカ）のシニア・ボランティアとして、ドミニカの日本語学校に来ていた、元、日本の小学校の校長先生が作った「日本語学校校歌」だ。校歌の常套通り、土地の自然を歌い（わたるかぜ、カリブのうみ）、その土地を開いた先人たち（ちちはは）に感謝し、「ぼく」と「わたし」という男女の生徒が学び合う学《まな》び舎《や》を歌っているのである。

毎週土曜日だけに開かれるダハボンの「日本語学校」に現在通ってくる生徒数は男女合わせて八人。皆、日本人とドミニカ人の混血の三世世代で、ほとんどがドミニカ国籍（と日本との二重国籍）である。

戦後の混乱期のまだ続いていた一九五六年、「ぶらじる丸」に乗って、日本からはるばるカリブ海の中の一島嶼国、ドミニカ共和国に移住した日本人たちがいた。ドミニカ移民である。

第一陣は、高知県や鹿児島県など、日本の各地から集まってきた二十八家族、百八十五名が、ドミニカとハイチとの国境沿いのダハボンのラ・ビヒア移住地に入植した。続いて、第八次の一九五九年までの四年間に、二百四十九家族、千三百二十五名（千三百十九名との記述もある）が、コンスタンサ、マンサニージョ、ネイバ、ドゥベルへ、ハラバコア、アルタグラシア、アグアネグラの七地域に移住した。いずれも、ドミニカの首都サント・ドミンゴから離れた、周縁の未開発地帯であった。

しかし、彼らが入植した地域は、日本で聞かされていたような〝カリブ海の楽園〟とはおよそほど遠い土地だった。熱帯の容赦なく降り注ぐ陽光はともかくとして、水のない、乾燥した荒れ地。塩の噴き出す白い大地。草木も生えない岩だらけの傾斜地。あるいは、ジャングルのような巨木に覆われた原野は、朝や夜には、熱帯と思われないほどの冷気が地上を冷やす。

約束されたはずの用水路などの灌漑施設も、移住地まで行く道路もなく、すべて自分たちの手で開墾しなければならない未開発地。〝種さえ蒔けば、そのまま収穫できる〟という、日本からの移住の際に聞かされた誘い文句とはまったく違った現実があった。「ちちははの　どりょくと　あせ」は、半端なものではなかったのである。

ダハボンの移住記念碑

二階の教室の壁に、先の校歌が貼られてある「にほんごがっこう」の建物（一階は地域の公民館である）のすぐ傍に、丸い石をはめ込んだ台座の上の「移住記念碑」（これも細長い丸い石）がある記念公園があった。白い、小さな丸石が敷き詰められ、鉄柵と鎖で囲われた一角に、記念碑と碑石板がある。「建立之辞」と書かれた石板を読むと、そこが日本人のドミニカ移民が最初に移住したダハボンのラ・ビヒア移住地であったことが分かる。

碑文の最後には、格調高く、こう刻まれている。「(前略)未来を開く子孫よ　我らが老骨を礎となし　誇りある日本民族の血を以って限りなき発展を図り　君らが母国ドミニカ共和国の繁栄に寄与されん事を願う」と。

強い日射しのなかで、熱帯の大木が公園の草地に影を落とし、椰子の木の林と、ドミニカ人の家がぽつぽつと並ぶ田園風景には、開拓以前の荒々しい土地の相貌を思い起こさせるものは、何もない。農機具倉庫跡の建物、搾乳した牛乳を集める集乳所。それらの施設の名残が残っているだけだ。

ダハボンの日本語学校

ここにドミニカ移民、二十八家族、百八十五名が入植したのだけれど、現在残っている日系人の家はたった一軒だけ、そこも農業はとっくの前に止めている。ドミニカ人の農家が、畑作と牧畜をその地帯で営んでおり、そのうちの一軒が、「にほんごがっこう」の建物の鍵を管理している。床をモップで拭いていた、色の黒いハイチ人の家政婦さんが、家の中のドミニカ人の主婦に声をかけ、出てきた主婦が、私たちをそこまで案内してくれた日系移民の子孫（といっても、六十代の男性である）に鍵束を渡してくれた。

今は〝冬休み〟で（日本とは季節が逆。私たちがドミニカを訪れた八月は、〝冬〟だった）、今月末から「がっこう」は始まる。先生も、生徒も、ダハボン市街や近郊の街の自宅にいるのだ。その間、ピンク色の壁の二階建ての建物は、厳重に鍵を掛けられ、金網の塀に囲まれている（盗難や、侵入されての狼藉を警戒しているのだ）。

日本人経営の小さなチーズ工場があった。そして、日本式の石塔と、西洋式の寝かせた石板の墓がある日本人墓地が近くにあった。「南無妙法蓮華経」と刻んである墓は、仏教徒のもので、石材はドミニカ国内で採れたものという。クリスチャンの墓には名前と生没年が刻まれている。日系移民の「ちちはは」の一部の人が眠っている墓地庭園である。

ドミニカに入植した第一陣のダハボン移住地の日本人の家族たちは、その後、おおよそ三つのタイプに分かれた。一つは、ダハボンの街や、首都サント・ドミンゴや、第二の大都市サンティアゴの都市部に移って、農業以外の仕事に就いた人、二つ目は、ドミニカの別の入植地や、ブラジルやボリビアなどの他のラテンアメリカの土地へとさらに移動した人、もう一つが日本に帰国した人である。

〝カリブ海の楽園〟を夢見て、故国日本の故郷にあった土地や財産をすべて処分して、ドミニカの移住地にやってきた移民たちにとって、いずれの道も険しいものに変わりはなかった。なかには、故郷の親族や知人とは絶縁して渡ってきた移民もいた。移住地として与えられた不毛の地で無理な営農を続けることで、手持ちの資金を食い潰してしまった人もいた。

もう一つの困難が、移民たちに襲いかかった。日本からの農業移民を積極的に推進していたドミニカ共和国の独裁的な大統領だったラファエル・トルヒーリョ（一八九一〜一九六一。トルヒーヨ、トルヒージョとも表記する）元帥が暗殺され、政変が起こり、日本―ドミニカ間の移民に関する約束が空文化され、日本人移民に対する、ドミニカ共和国の積極的な受け入れ方針や対策が沈滞してしまうおそれが出てきたのだ。独裁者の威光を背景とした移民政策が、その後ろ盾を失い、日本移民たちを、いわば路頭に迷わせるような事態が引き起こされたのだ。

ラテンアメリカ世界の典型的な独裁者だったトルヒーリョ元帥（ドミニカ共和国第三十六、三十九代大統領。彼の二期、二十年以上に亘る強圧的な独裁者ぶりは、ノーベル文学賞受賞作家、コロンビアのガブリエル・ガルシア・マルケス（一九二七〜二〇一四）によって『族長の秋』〈鼓直訳、集英社刊〉として形象化された（グァテラマのノーベル賞作家ミゲル・アンヘル・アストゥリアス（一八九九〜一九七四）にも『大統領閣下』というと独裁的で残虐な大統領を描いた小説がある）。もっとも、これはいわゆるマジック・リアリズムによってかなり強烈にデフォルメされた独裁者の肖像であるが）の強権的な政策によって、土地を取り上げられた旧地主が、日本人移民に返還を要求するようなこともあった（移住以前にドミニカ政府によって行われた土地の取得や買収の過程がどんなものであったか、移民たちは知るよしもなかった）。治安も悪化し、ナショナリズムによる外国人移住者に対する排斥の動きもあった。

この間、日本政府、外務省や、その外郭団体で海外事業の直接的な担当機関である、移住民送出の窓口である海外協会連合会（海協連、後に、海外移住協会、さらにＪＩＣＡ＝ジャイカに再編、統合される）や、現地の日本大使館などは、移民たちに対してほとんど何の救援、救済の手立ても取らなかった。それどころか、後に、〝ドミニカ移民裁判〟で明らかとなるように、日本政府とトルヒーリョ政権との、日本―ドミニカの移民協定の交渉ややりとりのなかで、日本政府側の虚偽や不作為、無責任な移民募集の実態や計画の杜撰さ、交渉の不備や失敗などが数々明らかにされたのである（その最大の失策の一つに、ドミニカ側が移民を送ることを見合わせるように通達したのに、日本政府がそれを無視し、無理矢理に送り込んだという経緯がある）。

2. ドミニカとハイチ

日本からのドミニカ移民には、きわめて国際的な政治状況が絡んでいたとみられる。一九五〇年代のドミニカは、中南米諸国と同様に、〝アメリカ大陸の大国〟アメリカ合衆国の決定的な影響を受けずにはいられなかった。アメリカ合衆国は、自分たちの〝裏庭〟としての中南米に対して、自らの政治的な価値観、経済体制、独善的なルールを押しつけた。

そうした〝アメリカ大陸の盟主〟としての米国に、フィデル・カストロ（一九二六～二〇一六）の率いるキューバが叛逆した。米国のお膝元ともいえるカリブ海の真ん中の島、フロリダ半島から、目と鼻の先といっていいキューバ島で、カストロやチェ・ゲバラ（一九二八～一九六七）たち、青年革命家が、アメリカ寄りの軍事政権バチスタ政権を倒すキューバ革命を成功させ、社会主義圏のキューバ人民共和国が誕生したのである。

米国が現代に至るまで、このキューバの社会主義政権を潰し、アメリカの意のままに振る舞う傀儡政権を中南米の他の諸国と同様に打ち樹《た》てたいという欲望を隠すことがない。

一九五九年のキューバ危機は、そんな米国の焦りが生み出した、世界核戦争の危機的状況の一瞬だった。社会主義国キューバに、ソビエト連邦がミサイル基地を建設し、核ミサイルやロケットなどを送ったことに対して、時の米国大統領ジョン・F・ケネディ（一九一七〜一九六三）は、キューバを海上封鎖し、ソ連の輸送船、艦船の航行を阻み、一触即発の危機となったものだ。この時の危機は、ソ連が基地を撤去したことで解消された。ケネディは自分の家の〝裏庭〟に物騒なものが持ち込まれることを断固として拒んだのである。

チリに、公正な国民選挙によってサルバドール・アジェンデ（一九〇八〜一九七三）大統領による社会主義政権が樹立された時、この政権を潰すために、CIAの総力を使ってアウグスト・ピノチェト（一九一五〜二〇〇六）将軍による軍事クーデターを引き起こさせ、アジェンデ政権を闇に葬ったのも米国の意向にほかならない。この革命―反革命の一連の過程は、『サンチャゴに雨が降る』（エルヴィオ・ソトー監督、一九七五年、フランス・ブルガリア合作映画）という映画によって描かれた。

ニカラグアのサンディニスタ政権はもとより、パナマのヌマエル・ノリエガ（一九三四〜二〇一七）将軍（彼も独裁的で非民主的な元首（族長！）として知られた。ただし、彼が冒したもっとも重い罪は、反米的であったことだ――アメリカ合衆国の立場から見れば、である）政権のように、社会主義であろうとなかろうと、米国の意に反する政権は、実力で排除しようとするのが、アメリカ合衆国の〝国家方針〟なのである。

ドミニカにはもう一つの〝国際問題〟がある。一つの島（イスパニョーラ島）をハイチとともに分割して領土としている以上、隣国との関係は直接的な衝突や紛争となりかねない。アフリカ大陸から強制的に移住させられた黒人たちの国であるハイチと、〝色の白い国民〟の国を目指すドミニカ共和国とでは、住民の感覚も違い、さらに、世界の最貧国の一つであるハイチと、カリブ海のリゾート観光の島として経済的な発展を見せるドミニカとでは、経済的格差はますます広がっている（ハイチは基本的に解放された黒人奴隷の国として建国され、ドミニカ共和国は、ラテンアメリカ各地に侵略してきたスペイン人と、現地のインディオとの混血が国民の多数を占める）。

私たちが二〇一四年八月に、ダハボンを訪れた時に、ドミニカ――ハイチとの国境の橋を渡って、ハイチ領内に入った（ダハボンの住民は日帰りなら、ハイチにビザな

ドミニカからハイチ国境を渡る

しで入国できる。国境の橋の下の川では、ハイチ女性が手もみで洗濯をしていた）。

オート三輪の荷台に乗って、ハイチの国境の街を一巡りしただけなのだが、色の黒い人がはっきりと多くなり、大音響で音楽を鳴らすスピーカーや、珍しい東洋人の顔をしげしげと覗き込むハイチ人の好奇心の強さに、ドミニカとは違った国民性や民族性を感じた。たった数歩、国境の橋を渡っただけなのに、国境の彼我の違いは歴然としていたのである。

ドミニカに独裁的な政権を打ち樹てた、トルヒーリョ元帥（後、大統領）は、ハイチ領内から国境地帯に侵入してくる人々の対策に業を煮やし、一九三七年には、ドミニカ国内に不法居住するハイチ人の集落を軍隊に襲いかからせ、婦女子を含めた二万五千人もの人々を集団虐殺して、さすがに国際的な強い非難を浴びている。日本が移民交渉の相手としていたのは、こうした残虐な〝独裁者〟だったのである。

ドミニカ・ハイチ国境

貧しい黒人のハイチ人が越境してドミニカに渡ってくる。歴史上、ハイチに占領されたこともあり、隣国との戦争の絶え間なかったドミニカは、いろいろな意味でハイチからの圧迫を感じていた。独裁者が思いついたのは、この国境地帯に外国人を移住させ、国境周辺の未開拓地を開発させることと、外国人の居住地を作ることで（いわゆる〝人間の壁〈人間の盾《たて》とも いう〉〟）、ハイチ人とドミニカ人の緩衝地帯とすることという、一石二鳥を目論《もくろ》んだのである。

ドミニカを白人国としたいトルヒーリョ元帥は、スペイン人やハンガリー人などの移民を歓迎したが、その他に日本人を移民させることを思いついた。少なくとも日本人は黒人ではない。それに、トルヒーリョ元帥は、日露戦争で日本が非白人国でありながら、白人国のロシア帝国を破ったことを知っていた。彼にはハポネサ（日本娘）と名付けられた妹がいるといわれるほど、親日的な家系であったという。

さらに、反共同盟ともいえるような関係を結んでいた米国の、当時のリチャード・ニクソン（一九一三～一九九四）副大統領から、彼は日本人移民の粘り強さや優秀性について吹き込まれたという噂がある（ここから、日本人のドミニカ移民が、キューバ革命に抗する反共の砦をドミニカに打ち樹てるための屯田兵的なものであったという言説（一種の陰謀説）が生まれてきた）。

しかし、独裁者（と、日本の当時の政治家。総理大臣は、反共意識が強いといわれた福田赳夫《たけお》（一九〇五～一九九五）だった）の思惑がどうであれ、移民本人たちがそうした〝国境警備〟のための〝反共の砦〟たらんとした意志を持っていたとは思われない。彼らが戦わなければならなかったのは、水の便の悪い痩せた土地で、売り物になるとも分からない農作物を収穫するための日々の仕事や、育児や病気や災害の生活上での困難とであり、日本への望郷の念である。独裁者の身勝手な思惑とは違った次元での〝戦い〟だったのだ。

3. 満洲移民の経験

ただ、移民たち自身はそうしたドミニカ側の底意を知らなかったとしても、移民送出側の日本政府は、そうした独裁者トルヒーリョの思惑を十分に知るだけの根拠があったと思われる。それは、日本の外務省や海外協会連合会などが、ドミニカ側と〝密約〟を交わしていたといった陰謀説ではなく、日本側には、そうした〝国境警備〟のために屯田兵的な移民政策というものを、自ら知りすぎるほどに知っていたはずだからだ。もちろん、それは戦前・戦中の〝満洲移民〟の経験である。

一九三六（昭和十一）年、日本政府（広田弘毅（一八七八～一九四八）内閣）は、「満洲開拓移民推進計画」を立て、二十年間に百万戸の日本農家を満洲移住させるという遠大なビジョンを示した。これは傀儡国家としての「満洲国」に日本人移民を移住、開拓させ、新国家の確立と、植民地としての〝満洲〟の確保を狙った政府と軍部（と民間）の〝見果てぬ夢〟の計画だった。

この日本軍の〝満洲〟への武装移民の計画を推進したのが、〝満洲開拓移民の父〟ともいわれた東宮鉄男《とうみやかねお》（一八九二～一九三七）陸軍大佐であり、彼は拓務省所管の水戸の移民訓練所の所長である加藤完治（一八八四～一九六七）などの右翼的な農本主義者と協力して、満洲国とソ連との国境地帯のいわゆる北満に武装移民や、満蒙開拓青少年義勇軍（義勇団ともいう）を送り出したのである。（大日本帝国の敗戦後、満洲国は崩壊し、日本人の移民開拓団――壮丁たちは、現地召集され、開拓地に残っているのは、老人と婦女子ばかりだった——と、青少年義勇軍は、開拓地から現地人やソ連軍に追われ、潰走した。この時に一村全滅、一家壊滅などの悲劇が巻き起こったことは、後の物語である)。

満洲国の農業を発展させるためならば、そして同時に日本の農地が狭隘なため、日本農業が疲弊化していることからの脱却のためならば、気候、水利、市場の点で農業に有利なはずの満洲の南部や中央部ではなく(南満、中満という)、あえて寒冷で農業に不向きに北満地帯へ移民を送り込んだのは、それがソ連軍や反日のゲリラ(共匪といわれた)に対する〝国境警備〟という役割の側面が強かったからである。

というより、むしろ〝国境警備〟(武装ゲリラのパルチザン=共産匪などの討伐、鎮圧)の面のほうが主な目的だったのであり、営農は自給自作のための安上がりの武装移民としての副次的な作業だったといえる。

こうした満洲移民の計画を立案し(東宮、加藤の腹案を原型として)、行政として実現していったのが拓務省(のち、大東亜省)であり、その官僚たちであり、満洲国政府の日本人官僚たちだった。彼らはもちろん、そうした満洲移民計画の政治的な側面や、イデオロギー的傾向を明確に意識した上で実務に当たっていたのである(それには明治開化期の北海道開拓において、武装した屯田兵によって、ロシアとの国境を警備し、先住民たるアイヌ民族を追い払い、宣撫し、原始林や曠野の拓殖を進めたという先例があった)。

こうした〝国策移民〟、あるいは〝国策棄民〟に手を貸したのが、一部の文化人や文学者たちだった。

〝農民文学会〟〝大陸開拓文芸懇話会〟などの文学報国会の下部組織のようなところに集まった、いわゆる農民文学者たちは、朝鮮や満洲の開拓状況を視察し、報告すると称して、ほぼ官製の旅行団、視察団として、大挙して〝大陸〟へ赴き、その明るい将来や希望を述べて、移民政策を〝翼賛〟したのである。

福田清人（一九〇四〜一九九五）、打木村治（一九〇四〜一九九〇）、伊藤整（一九〇五〜一九六九）、田村泰次郎（一九一一〜一九八三）、浅見淵（一八九九〜一九七三）などがそれらの人物だ。彼らはそれぞれ満洲紀行やそれに材を取った小説を発表し、満洲開拓や満洲国をプロパガンダしたのである。それらの文学者のなかの一人で、戦前・戦中の「朝鮮・満洲移民」と、戦後の「南米移民」とを結びつける象徴的な人物として、小説家の湯浅克衛（一九一〇〜一九八二）がいる。

彼は、早い時期の朝鮮への日本人の農業移民を描いた『先駆移民』（一九三九年、新潮社）や、朝鮮から満洲への移民を題材とした『二つなき太陽の下にて』（一九四二年、地平社）や『鴨緑江』（一九四四年、晴南社）のような本格的な移民小説を量産して、〝大陸進出〟の文学者宣伝隊として活躍したのだが、戦後においても、今度は進出の方向を変え、中南米への日本人移住をプロパガンダする側へと素早く立場を変えたことが、その他の文学者とは異なっている。すなわち、戦前・戦中の〝国策〟に協力し、心ならずも移民政策のお先棒を担いだ作家たちとは違って、湯浅克衛には、戦前・戦中と戦後とを区分する明白な〝移民〟についての考え方に変化がなかったのだ（反省も、贖罪もありえなかった）。

そのことについては、湯浅の著書『ラテン・アメリカへの招待』（一九五八年、日本週報社）の「序」

にある、「日本海外協会連合会」の会長だった坪上貞二（一八八四〜一九七九）のこんな文章が分かりやすい。

「湯浅克衛君は、私が満洲拓殖公社総裁時代に知り合った友人である。伊藤整、福田清人、田村泰次郎の諸氏と共に、満洲開拓地を視察に赴く時に会ったのである。／君は、朝鮮に育ち、朝鮮と朝鮮への日本移植民の実情を訴えた『焔の記録』や『カンナニ』その他の傑作で早くから文壇に出て、のち、満洲開拓者を題材にした『先駆移民』その他を書いた。／昭和三十年に、八か月南米諸国を旅し、小説『ブラジル高原』、『アマゾンの国ブラジル』などの諸作がある。それ以来、三年、よく、古い文献、様々の書を調べて、今回、この大作をものにした」とある。

「この大作」というのが、『ラテン・アメリカへの招待』である。つまり、満洲国への国策移民の旗振り役だった小説家が、戦後は、凝りもせず南米移民の旗振り役に再びはせ参じたということだ。もちろん、湯浅克衛が旗を振り、その「友人」の「満洲拓殖公社総裁」が実現させた「満洲移民」が、ほうほうの体で「内地」へ引き揚げてきたこと（そのうちの多くの人が死んだこと）や、帰国後も困難な生活を強いられたことなど、彼らは何らの責任も取らず（ほとんど罪悪感もなしに）、またぞろ〝お国のために〟を振りかざして、今度は中南米への〝国策移民〟を送り込む業務に転進したのである。

「『外務省はウソついた。はじめから、俺は、街で働きたいと思ったのだ。こんな奥地を希望したのではない』と、言っている者もいます。外務省がウソついた。ついたのではなく、途中の、知ったかぶりの人が、農業移民として方便ではいっても、都会に逃げ出せば、ブラジルは送りかえしはしないという知恵をつけたのかも知れません」と、湯浅克衛は、外務省（の外郭団体の海協連）の肩を持った発言を、前述書の「こんな人は来てくれるな」という章で書いている。

しかし、これは、海協連の斡旋した、ブラジルのアマゾン流域への移住民が、アマゾン河を遡上する船のなかで、受け入れ条件が最初の条件と異なることを知らされ、移住船からの下船を拒否するといった事件があり、それは全面的に外務省（海協連）側に非があったものであることを糊塗し、瞞着した言い方にほかならなかった。

この当時の南米移民の業務を担当した「海協連」の劣悪な体質は、次の「ボリビア」の章で触れることになる若槻泰雄の前掲の著書『外務省が消した日本人 南米移民の半世紀』が、その役職にあった人物たちの実名をあげて激しく糾弾しているが、「そこに集まっている人たち——役職員の〝質〟の悪さは、少しオーバーに言えば、あっけに取られる思いであった」と書いている。「海協連の具体的仕事は、海外移住についての国民に対する広報宣伝、移民の募集、選考、送出、それに、受け入れといった実務を政府の委託により実施するもので、経費の全額は政府の補助金による」ものだが、「その基盤は非常に弱」く、「まことに未熟、あるいは非常識というべきか、私は自分の就職先がこんないい加減な組織であることを知らなかった」と慨嘆している。役職員は、上から下まで外務省、農林省の天降りか、その縁故の者で、無能力、無責任、無気力、無関心ならまずよいほうで、汚職や横領の横行する職場だった。

そんな「海協連」が、元満洲拓殖公社総裁を会長に戴き、拓務省（いわゆる「外地」、海外植民地の拓殖業務や、満鉄、東洋拓殖などの業務を監督し、所管する省として、昭和四年に設置され、昭和十七年まで存在した。のち大東亜省などに分割され、敗戦によって消滅した）やら、「国際農友会」（「満洲開拓移民」の実務を扱った人たちの拠り所）出身の〝植民地官僚〟たちの集まる組織であったことは、戦後の移民政策が、戦前・戦中のそれの焼き直しであることを雄弁に物語っている。湯浅克衛は、満洲開拓移民の政策の〝共犯者〟であったのと同じように、戦後の南米移民政策の〝共犯的〟鼓吹者だったのである。

湯浅克衛は、一九五五年と一九六〇年の二度にわたり中南米各地を廻り、前述の『ラテン・アメリカへの招待』と『南米への旅』（一九六一年、雪華社）の二冊の紀行書を書いている。戦前・戦中ならいざ知らず、戦後の文壇社会で湯浅克衛が二度も、中南米への長期間の旅行に出かけるために自前で費用を賄えるほどの潤沢な資金を持っていたとは思えない（海外旅行自由化以前の中南米への渡航が、いかに経済的にも手続き的にも困難であったかは、現在からは推し量ることさえ不可能なほどだ）。本の中には書いていないが、拓務省の流れを汲む外務省の移民政策担当部門や、海外移住協会などの資金提供があってはじめて実現したものと見る方が現実的である（二度目の南米の旅は、国際ペンクラブの大会に日本から派遣されたようだ。当時の日本ペンクラブの会長だった川端康成や、曾野綾子、三浦朱門なども同行している。名目的には日本移民団の助監督として南米航路の船に乗り込んでいる。旅券やビザの取得や旅費などをいろいろな方面で工面したものと思われる）。つまり、戦前・戦中の〝国策移民〟の文学方面からの旗振り役が、今度は中南米の〝国策移民〟への旗振り役として、その方向を変えたとしか思えないのだ。

たとえば、彼はドミニカへの農業移民の可能性について、そこが希望の持てる開拓に好適な地であり、日本からの移民にとって極上の候補地であることを、外務省や海外移住協会側の立場に立って強調していた。

彼のそうした言辞は、戦前の彼の朝鮮、満洲への移民小説が、〝国策〟によるものであることを度外視しても、移民自身の立場や視線から描かれていたことと較べても、遥かに後退したものといわざるをえない。

つまり、彼のそうした移民政策のプロパガンダ的な文章には、気候、風土、慣習、そして何よりも国際的、政治的環境によって翻弄された朝鮮や満洲への日本の農業移民の苦難や不幸についての教訓がまったく活かされていないことの、唖然とするような厚顔さがある。

日本の移民文学として、必ずしも政策者側からの一方的な宣伝小説を書いただけではないと今日《こんにち》において評価されている湯浅克衛にしても、その政治的、社会的な意識はそれだけのものであり、戦後の政府（国策）のお先棒をいとも簡単に担いでしまうことになってしまったことを、日本の文学者は、痛切に自省しなければならないのである。

4. **杜撰《ずさん》な現地調査**

ドミニカに日本人移民が送られる以前に、ドミニカを含め、中南米の各地域を調査した人物に中田弘平という人がいる。彼は、農林省技官として、外務省から派遣され、ドミニカ、ボリビア、ブラジルなどの各地を廻り、その土地が農業に適しているか、どのような作物に向いているか、水利、病虫害、気候変化について基本的な調査を行った。その報告は、『中南米紀行――日本人入植適地調査の記録』(一九五八年、中外書房)という書物として上梓されている。そのなかで、中田弘平は、ドミニカのネイバ地区の土壌調査を行い、その土地がきわめて肥沃な土壌であり、どんな作物でも栽培が可能であり、農地として最適地であると太鼓判を押した。

すなわち、「この地区は先ず土が深くて優秀なのに驚く。石灰分を多分に含む中性土壌で水さえあればあらゆる作物が出来ること疑いない。適作作物はバナナ、葡萄、落花生、甘藷、玉蜀黍、いんげんなどと夏野菜である」というのが彼の言い分である。

しかし、移住者が現地に入植してみると、石ころだらけの不毛な土地であり、一、二メートルの厚さで肥沃な表土が覆っているという、中田弘平の調査報告とは、まったく乖離した現実を見たのである。

ドミニカ移民の国家賠償訴訟に関連した国会の予算委員会で、参考人として呼ばれた中田弘平は、自分の調査の非を認めず、ドミニカのネイバ地区が農業最適地であるという、自分の調査報告の結果を頑として守り続けようとしたが、国会議員の質問に対し、外務省の移住方針の下に調査が行われたことを肯《うべな》わざるをえなかった。戦後の人口過剰に対する政策としての中南米への移住方針が先にあって、付け焼き刃的に調査が実施されたことを図らずも証言する結果となったのである。

この中田弘平と、『中南米紀行』の共著者である南坊進策とは、その経歴を見ると、戦前・戦中は、日本の「傀儡国家」としての満洲国や、植民地行政を担当する拓務省（後に大東亜省）の役人であって、満洲国の官吏を歴任した〃植民地行政〃を行った人々であった（中田弘平の、その著書にある略歴には、「京都大学農学部卒業」「満州国官吏となり終戦後に至る迄同国の拓殖業務に従事」「満州国より引揚後　農林省技官として現在に至る」とある）。戦前・戦中と戦後の移民政策が〃まったく同じ〃（若槻泰雄）であったのも、その行政の実際的な担い手が、まったく変わることなく、その業務を引き継いでいたことの当然の結果なのである。

ドミニカ問題で予算委員会に召喚された海外移住振興株式会社監査役（役職はすべて当時）の上塚司（一八九〇〜一九七八。満鉄職員を経て衆議院議員となり、ブラジルのアマゾン開拓移民を奨励し、アマゾン開拓の父と称される）、海外協会連合会ドミニカ支部長の横田一太郎、元外務省横浜移住斡旋所長の古関富弥、そして元農林技官だった中田弘平らは、国策として日本人を海外に移住させることに腐心したのであって、移民たちの海外移住地での〃運命〃など、知ったことではなかったのだ。

中田弘平は、前掲書で、コンスタンサ地区について「こんな結構なところに来て、電気、水道つきの家を与えられ、整地された耕地まで与えられても、移住地には「問題」は沢山あることに驚くばかりである」として、それは「先ず人の問題」であり、「黙々としてすでに相当の実績をあげている人々があり、又一方策に策をろうして何とか早く金儲けしたい反面畑の方には一向力が入らず、色々のうわさや、不和の種をまきちらしている人があり」と、不心得者の移住民が問題だという偏った認識を示している。

彼はダハボン地区においても「中には第二次の中の一人に、与えられた土地が悪くて、あれでは農業が出来ないとこぼして相当過激な言葉をはくものがあり、課長はムッとしてあんなのは帰してしまえと言ったようだった。側から聞いているとド(ドミニカ)国政府は設備なり、土地問題なり、着々と約束を履行しているのに、君等の方は文句ばかり言って一向実績は上っていないではないかというド国政府側に分があると思った」などと書いて、移民側ではなく、政府側(官僚側)に立つ発言を繰り返している人物だった。

こうした〝植民地移民行政〟の官僚たちが、トルヒーリョ元帥の〝人間の壁(盾)〟としての国境周辺の地への移住計画の本音が見えなかったわけはないだろう。それは、すぐちょっと前まで、自分たちが行っていた〝朝鮮移民〟や〝満洲移民〟などの国策の移民行政とまったく瓜二つのものであったからだ。

何よりも、許しがたいのは、こうしたドミニカ移民の行政に関わった人物たちが、移民たちに与えられた土地が不毛な、農業〝不適地〟であることを知った上で、なおも移民送出を継続したことだ(ちょうど、戦争の先行きの不利を知りながら、敗戦直前まで満洲に日本人移民を送り続けたように)。

外務省は、ドミニカの移住地の水利が悪いことを知って、ドミニカに当該地に用水路などの灌漑施設の整備を要請し、ドミニカ側が、それが難しいことから、移民送出を中止するように求めてきたのに対し、今度は、それは移民たちの努力によって解決させると、なおも日本から移民を送り出すことを止めようとはしなかった。「乾燥地帯での耕作に、日本人農民は長けている」という理由をこじつけたという。

戦前・戦中の満洲移民や満蒙開拓少年義勇軍の送出と同じように、官僚たちの業績や実績主義、無責任体制、事なかれ主義が、漫然としてドミニカ移民たちの〝運命〟を狂わすことになることを、その双方に深く関与していた当事者たちが、少しも反省しようとしなかったのだ。

〝日本政府に騙された〟として、ドミニカ移民たちと帰国した一部の元移民たちが、二〇〇〇年に、国家賠償を求めて起こした裁判において、被告側の「日本国」の実質的責任者である外務省や、海外協会連合会の証言者たちは、互いに責任を、外務省と海協連と現地の在ドミニカ大使館の三者の間で押し付け合い、根本的な問題は、ドミニカ共和国の為政者側や政治的変化に責めを負わせようとして、戦争責任や植民地責任をまったく取ろうとしなかった。戦前・戦中の移住政策の為政者たちと全く同じ行動を取ったのである。

権限がなかった、やり方に瑕瑾《かきん》はあったが、大きな失政はない、移民たちの自由意志による選択だ、移民のわがままや努力の欠如だ——といった論法で、自分たちの非を他になすりつけようとする泥仕合を繰り広げたのである。

日本の官僚主義は、戦前も戦後も何の変わりはなかった。下位にある人々を抑えつけ、困難な目に遭わせても自分たちは一向に責任を取らないという点において（これは、福島第一原発事故など、現在に至るまで変わることなく続いている〝官僚病〟である）。

5. 国家賠償請求は棄却

元外務相の役人だった古関富弥（元横浜移住斡旋所長）は、〝石ころでも三年経てば肥料になる〟と言ったとして、移住民から非難されたのだが、いや、それは石の上にも三年で、荒廃した土地でも与えられた三年我慢すれば何とかなるという意味だと、国会の予算委員会で強弁した。

しかし、その石ころだらけのネイバ地域に入植した佐々木ミツの一家は、三年ほど過ごした後、ついにビセンテノーブレに転出せざるをえなかった。石は肥料にならなかったし、石の上に三年いても、事態は何とも好転しなかったのである。

佐々木家の一家は、ビセンテノーブレに移ってから、そこでトマト栽培を始めて、ようやく出荷が順調になった。しかし、その頃、一家の大黒柱であった「パパ」は、胸が痛いとベッドから起き上がれず、地方の病院に行っても診断が付かず、百五十キロの距離の首都の大きな病院に搬送されたが、病院に着いて間もなく息を引き取った。「パパ」＝佐々木為敏、六十三歳の無念の死である。

死亡後、彼は、地元経済の発展や農業振興に貢献があったとして、ビセンテノーブレ市長から表彰された。

「異国の地においても、頑張れば必ずや結果が出るんだということでしょう。生前、よう言っていました。／「人を相手にせず、天を相手にしろ」／まさに大自然に真正面からぶつかりあって作物を育てていました」と、佐々木為敏の妻のミツは、「パパと共に生きる」という回顧文に書いている（『今、生きてここに在る 「カリブの楽園」哀歓の半世紀』ドミニカ共和国移住50周年記念事業執行委員会編、二〇〇七年、パコスジャパン）。

佐々木為敏のように「辛いことばかり」「苦しい思いばかり」して、ドミニカの移住地で生を終えた人々は何人もいる。衛生状態の悪さや、病院が遠いばかりに、本当ならもっと永らえるはずの人生を途中で終えてしまった人もいる。それでも、苦情をいわず、弱音を吐かずに生き続けた人がいる。日本人農民の粘り強さ、寡黙さ、辛抱強さを象徴するような人物たちだ。もちろん、このことと、日本の国策としての移民行政の拙《つたな》さや、数多くの失敗や、責任逃れやごまかしが、免責されたり、許容されたりすることとはまったく問題が別だ。

二〇〇〇年七月から始められたドミニカ移民の国家賠償請求裁判で、東京地方裁判所は、原告たちの外務省や海協連の一連の責任を認定しながら、時効の成立によって賠償請求そのものは棄却した（二〇〇六年六月）。

しかし、上級審への提訴など裁判の長期化と、マスコミからの批判をおそれた、当時の小泉純一郎（一九四二〜）内閣は、裁判結果とは無関係に、特別一時金を支給することによって解決を図ろうとした。

二〇〇六（平成十八）年七月二十一日、小泉純一郎内閣総理大臣は談話を発表し、「日系人社会の拠点作りへの支援、移住者保護薄謝金の拡充を含む高齢者及び困窮者支援、移住者子弟の我が国への招聘等を通じた人材育成等」の協力を行うことを公表した。

金額の多寡ではなく、日本国家が非を認めて、一時金を支給したこと、ドミニカの日系移民の社会に目が向けられたことが、裁判闘争を続けてきたことの最大の〝勝利だった〟と、裁判を指導的に担ってきた日系人協会のD氏は、いう。

サント・ドミンゴ市内で、息子たちといっしょに自動車修理工場を営むD氏は、日系人移民を代表して、日本政府の不誠実さと、無責任主義と戦ってきた。十八歳で、医学部進学を断念して、両親とともに、故郷鹿児島からドミニカに渡ってきた（最初の入植地はダハボン）というD氏は、日本国家を訴えるという、まさに〝オカミに楯突く〟反逆者としての西郷隆盛以来の〝薩摩っぽ〟の情熱と熱血を裁判に注いだといえるかもしれない。

ドミニカ共和国と海協連との間で結ばれた契約書では、ダハボンに移住した日本人農業移民は、「一家族当たり三百タレアスの農耕用地を譲渡される」とある。一タレアは、約六百平方メートルだから、三百タレアスは、約十八ヘクタールだが、実際にはその数分の一も譲渡されず、しかもその土地には耕作権はあるものの、ドミニカ政府の法令に縛られた、勝手に栽培する作物も限定された、所有権のないものだった。これでは、国営農場の小作労働者ということと変わりない。

さらに土地を家族の耕作能力に応じて拡張することを許可されるとあったものの、これも許されず、「移住者各家族のため宿舎を提供し」、「土地の半分を播種できるまで開墾して引き渡す」ことや「就働開始の際は必要とする種子及び第三国移住者に対すると同様の補助金をその土地が最初の収益を挙げるまで支給する」という〝契約〟は、ほとんど反故《ほご》にされたのである（一部は実行された）。

これは、もちろんドミニカ側の事情や、契約不履行によるものもあるが、主として日本側が、ドミニカの国内法や、慣習や状況に無知であり、誤解や半知半解による不首尾であって、日本政府は誇大宣伝によってドミニカの農業移民を釣ったといわれてもしかたのないものだった（裁判の過程で、在ドミニカ大使館、海協連を受け継いだＪＩＣＡや、外務省の不手際や不作為は明白となった）。東京地方裁判所による、第一審の判決は、こうした日本政府側の失態や失敗を認定し、日本政府に大いに反省を促すものだったが、請求そのものは時効の成立を理由に棄却した。

しかし、前述したように、小泉純一郎政権は、原告など日本移民に百万円〜二百万円の薄謝金を支払うことによって裁判の幕引きを行ったのである。

こうして〝ドミニカ棄民〟の裁判といわれるものは終わったのだが、ドミニカの日系人社会のなかに、亀裂をもたらしたこともいっておかなければならないだろう。裁判に積極的に関わり、日本国家の〝罪悪〟を糾弾した側は、「ドミニカ日系人協会」となり、裁判に賛成的でなかった人々は、「日本ドミニカ友の会」を組織した。そしてこの二つのグループは、二〇〇六年のドミニカ共和国移住五十周年のお祝いを、別々に行うということで、その亀裂を明らかにしたのである。移住五十周年の記念誌も、別々に二冊刊行された。友の会側の『今、生きてここに在る』と、ドミニカ日系人協会編集の『ドミニカ共和国日本人農業移住者50年の道　青雲の翔』（二〇〇九年、ドミニカ日本人移住50周年記念祭　実行委員会　記念編纂委員会）である。

対立点の一つに、国家賠償請求の訴訟を起こす前に、それを察知した日本政府側が、懐柔策として一部の移住者に耕地購入のための大型融資を持ちかけたということがあった。反対側からは〝毒饅頭〟と称された日本政府の大型融資は、日系移民の間で、それに同調する者と反対する者とを二分し、二つのグループの対立を鮮明化させた。

この大型融資は、さらなる混乱を移民社会にもたらした。ドル建てで融資を受けたので、その後の為替変動で、二〇〇四年には、一ドル＝六ペソで借りたものが、一ドル＝六十四ペソという八倍にも膨れあがってしまった。利息分さえ払うのに四苦八苦する有様だった。

さらに、日本政府はドミニカ政府との交渉によって、入植当初に約束されたはずの配分耕作地の不足分を、改めて無償譲渡するとして、日系移民を日本大使館公邸に呼び、ドミニカ農地庁から無償譲渡の条件などを提示し、大型バス二台に乗り込んで、現地視察を行わせた。

しかし、そのモンテプラザのラ・ルイサ地区は、必ずしも農耕適地とはいいがたく（水利が悪く、再移住十数年を経て、ようやく営農のメドがついたという）農機具の提供や、技術専門家の派遣、人的交流、技術移転などの日本政府やＪＩＣＡの約束にもかかわらず、日系移住者七十一家族のうち、無償譲渡された耕作地を受領したのは二十七家族にとどまり、時のドミニカ大統領レオネル・フェルナンデス（一九五三〜）の日本訪問の手土産として、当時の小渕恵三（一九三七〜二〇〇〇）内閣に伝達され、日本からのドミニカ共和国への大規模な援助金を引き出す呼び水として使われたのである。

6.　Yさんの話

Yさんは、八歳の時に、両親に連れられてダハボンに入植したという。「小学校二年の教科書の途中まででしか勉強しなかった。だから日本語の読み書きには不自由している」と笑う。しゃべるのは、高知弁まじりの達者な日本語だ。お酒が好きで、応接間の部屋いっぱいに、ビール瓶やら洋酒の瓶がコレクションされている。すべて空瓶で、全部自分で飲んだものだという。傍らで奥さんが、ビールは私も好きだから飲んでいると、言い添える。

Yさんも、奥さんも一世の親は高知県出身、準二世（子供の時に両親に連れられてきた世代）としての夫婦は、高知人としての自覚が強そうだ。

両親がドミニカに移住した理由ははっきりと聞いたことがない。漠然とした海外への憧れがあったのではないかという。坂本龍馬的な開明さが、土佐っぽにある。母方の祖父母が高知出身の北海道開拓民だった私と、高知県人の話で少し盛り上がる。

奥さんにダハボン市街の小さなスーパー・マーケット（食糧や雑貨の卸小売業）の経営を任せている六十代後半に差し掛かったYさんは、悠々自適の生活で、もっぱら海釣りを趣味としている。小型船を二隻持っていて、夜釣りを楽しんでいるという。大物では、三メートルほどのカジキ・マグロを釣ったこともある。釣り上げるまで、数時間の巨大な獲物との闘いだった。まさにアーネスト・ヘミングウェイ（一八九九〜一九六一）の名作『老人と海』（新潮文庫）さながらの世界だ。

夕食のお酒の肴に、小型のイカとジャガイモなどを煮込んだ料理があり、そのイカは、カジキ漁のためのエサとしても保存しているものだという。真水で洗ってはいけない、海水で洗って、黒砂糖を使って漬け込むと、腐らずに新鮮に長持ちするという。塩漬けではダメだと、その土地ならではの保存法を語るのである。

カジキ・マグロは、新鮮な餌しか狙わない。餌に食いつく時は、その特徴のある鼻をまっすぐに海面上に突き出す。それが狙い目だというのである。

Yさんの家で招ばれた夕食には、近所に住む、同じ高知県出身のSさんもいっしょだった。機械修理工場を持つSさんは、早い時期に農業に見切りをつけ、農機具や自動車などの機械修理業をダハボンで始めた。今は息子に任せているが、任せっきりにはできない。日本人の丹念で、神経の行き届いた機械修理は、ドミニカ生まれ、育ちの二世世代には、うまく伝承し切れているとはいえないようなのだ。

Yさんも、Sさんも、ドミニカ移民のなかでは成功者の部類といえるだろう。国賠法の裁判の過程で、すっかり〝ドミニカ移民は棄民である〟というイメージが日本では流通したが、ドミニカ社会では、日系移民は多くが生活水準も標準よりも高く、子弟には高学歴を持たせる場合が多い。自分は学歴がなく、勉強ができなかったから子弟には無理をしても勉学させ、進学させるという一世、準二世が少なくなかったのである。

これらの二世、三世は、エンジニアや、医者や弁護士といった職業に就く者も少なかった。市長や副市長、軍人や官僚になるケースもあるという。もちろん、そんな成功者のケースばかりではない。ドミニカから南米各地へ転出していったケースもあるし、ドミニカでの生活を断念して、帰国したケースもまた少なくはないのである。Yさんが話してくれた、漁業移民の五家族の場合は、まさに〝棄民〟という名前がぴったりと当てはまるケースかもしれない。

7. ドミニカの漁業移民

ドミニカは、海に囲まれた島国である。海には当然、魚がいるだろうし、漁業も盛んだろう。と、思うのが当たり前だろう。しかし、世界にはあまり魚を食べない人々もいる。日本人のように魚食文化を持たず、ごく一部の海産物、水産物しか消費しない人々も世界にはいるのである。

私はミクロネシアの諸国（パラオ共和国、ミクロネシア連邦、マーシャル諸島共和国）に行った時、周囲を水産物の豊富な海で取り囲まれた島国なのに、輸入物の米（カリフォルニア米）を主食に、イワシやサバの缶詰（日本産）をおかずとして常食している人たちを見て、食生活も国際的な政治に左右されるものだと、つくづく思った――長い間の植民地支配で、地場産業としての漁業、水産業は発達しなかったのだ。アメリカや日本からの援助物資として米や魚の缶詰を安価で、あるいは無償で供給されているからだ。

一九五六年の「ぶらじる丸」に乗ってきた第一陣の日本人移民団のなかには、五家族、三十二人の漁業移民がいた。移住地は、ダハボンに近い、海岸のマンサニージョである。当時、マンサニージョには、バナナを専門的に輸出するアメリカン・フルーツ社があって、港には〝バナナ・ボート〟が出入りしていた。日本人の漁業移民は、小型の漁船五隻や、漁具などを揃えて、「ぶらじる丸」に載せてこの移住地に入った。

伊藤永之介の『南米航路』（一九五七年、角川書店）には、パラグアイやブラジルへの農民とともに、ドミニカに移住する漁業移民が数家族がいて、日本から運んできた小さな漁船とともにドミニカの港で降船する情景が描かれている（戦後四回目の南米移民船で「サンパウロ丸」といわれている）。

ハイチとの国境地帯にあるこの港は、対岸がハイチであり、沿岸は波も穏やかだが、カリブ海の外海に出ると、波は荒い。彼らが持ってきた小型漁船では、沿岸漁がせいぜいで、沖合漁も難しい。沿岸には、小型であれ、五隻の漁船で獲るほど魚群はいなかったのである。

しかし、問題は漁獲量の多寡よりも、何よりも獲ってきた魚の販路は全然ないことだった。ドミニカ人には、魚を食べるという習慣が、その頃は今よりもよほどなかった。アメリカン・フルーツ社があって、住民はそこそこにはいたものの、獲れた魚の売り先がなかったのだ。もちろん、冷蔵施設もなく、水産物を加工する設備や工場もない。農業移民の場合よりも、もっとひどい現地の事情の情報不足であり、まともな漁業移民の移住計画があったとは思われない。まさに、海に棄てられた〝棄民〟にほかならない。

魚は獲れないし、売れない。高潮の被害はある。漁場を求めて移住地を変え、販路を求めてやり方を変えてみても、簡単にどうかなるものでもなかった。そもそもの漁業移民の移住計画が杜撰であり、現実と乖離した空想的なものだったのだ。

五家族のうちの数家族は陸に上がり、農業をやってみたものの、所詮〝オカに上がったカッパ〟で、専門の農業移民だって苦労しているものを、素人農民がうまくゆくはずはない。結局、日本の国家の援助を貰って帰国せざるをえなかったのである。漁船も、漁具も二束三文に売り払って。

Yさんに案内してもらって、マンサニージョの港に行ってみた。バナナの輸出は現在までもまだ盛んで、保存工場と輸送する船と桟橋は、健在だった。アメリカ資本らしかった。

だが、漁港とはいえない浜辺には、船外機を取り外した小型ボートが数隻、砂浜に引き上げられているだけで、ドミニカ人の子供たちが、裸や半裸でぴちゃぴちゃと水遊びをしているだけだった。

元漁民の家

「そこにある二軒の家が、日本人漁師の家だった」と、Yさんは、海岸沿いに建つ白い家を指さした。確かに日本の漁家風の佇まいが少し残っている。現在は、ドミニカ人家族が住んでいる。
Yさんは、この家の子供たちと夜釣りに行くことがよくあったといった。昼間は寝ていて、夜になると釣りに出るのだ。月夜はダメで、暗い夜に電灯を点けて魚を集めた。細長い鯛のような魚がよく獲れた。貝を拾って、生のままで啜《すす》って食べるのもうまかった。ロブスターを手づかみで捕まえ、生のままで、それを食べるという贅沢な食べ方もした。と、Yさんは、漁師の家族たちとの交流を懐かしそうに語るのだった。

不幸な事件もあった。漁業移民の家族間での諍《いさか》いがあり、兄弟の一人が、家を出て、対岸のハイチ領内に入った。密入国として、彼はハイチの国境警備隊に捕まり、不法越境者として銃殺された。彼は遺体となって、家族の元に帰ってきたのである。

マンサニージョの一帯の海には、今は大型クルーザー船が巡航し、日系人たちが「ラクダ山」と呼んでいる、海に突き出た岬の岩山のランドマークの周辺には、シーフードのレストランがあり、海辺のリゾート地として、サント・ドミンゴの金持ちたちや、アメリカ人の別荘や、外国人観光客用のリゾート・ホテルが造られている。漁港というより、すっかりカリブ海のはとりの観光地というべきだ。

日本人移民の漁師たちは挫折したが、魚食文化は、ようやくドミニカにも根付いてきたようである。野菜食、魚食は、日本人移民がもたらしたものといっても過言ではないだろう。日本人移民の「ちちはの　どりょくと　あせ」は、少しは報われたのかもしれない。私は、陽光が激しく突き刺さる青い海の波を見ながら、そう思った。

8. 〝カリブは招く〟

もちろん、ドミニカの国内の七か所の入植地がすべて同じ環境や条件であったわけではない。ダハボン地区や、漁業移民のマンサニージョ地区は、すでに見てきた通りだが、コンスタンサ地区やハラバコア地区は、ちょっと条件が違っていたようだ。特に、日本の農村の風景に似ているといわれるコンスタンサ地区は、ダハボンと同様にハイチとの国境地帯に近いネイバ、ドゥベルヘ、アルタグラシア、アグアネグラなどと違って、農業環境はそれほど悪くなかったようだ。

　第三次のドミニカ移民としてコンスタンサに入植した日高正満は、『カリブは招く』という私家版で刊行した長編小説を残しているが（私はそのコピーを、ドミニカ在住の日本人会の人にもらって閲読した）、そこに描かれている「山岡」という人物の移民体験は、ほぼ著者の日高氏の実体験を基にしていると思われる。そのなかで、「山岡（＝日高）」は、十五ヘクタールの土地を分け与えられ、先に入植した日本人移民や現地のドミニカ人の労働者を雇いながら、チシャや豆やニンニク、トマトなどを栽培し、努力の末に農家として何とか自力経営の道を切り開いてゆく過程を物語っている。

マンサニージョの海岸

　一年間は、トルヒーリョ元帥の約束である、毎月六十ペソの生活扶助の給付を受け、農業用水も、種苗も、日本から持参した営農資金を何とか遣り繰りして、よいドミニカ人の雇用者の協力もあって、野菜中心の農業を成功させたといってよいのである。

　ダハボンなどの他の入植地からコンスタンサに再入植する日本人もいて、彼らはスペイン人が入植して、すでに引き揚げた家、農地に入って、そこで営農を改めて始めたのである。

　問題は、トルヒーリョ元帥の暗殺による政変だった。独裁者の特別な庇護の下に、ドミニカに入植した日本人移民たちは、たちまちにその政治的な後ろ盾を失うことになる。この時、コンスタンサでも、三分の一は帰国し、三分の一は、南米各国へ再移住し、三分の一だけの家族が、農家として残ることになった。「山岡」は、政変があっても、ドミニカンが野菜を必要としていることは変わらず、辛抱して政変が落ち着くのを待てば、農業経営はいずれ安定すると信じて、野菜作りに余念がなかった。

　篤農家による、一種の農業経営の成功談なのだが、それはやはり、「山岡」が入植したコンスタンサの自然環境、社会環境に依るものが大きいだろう。ハイチとの国境地帯とは違って、野菜や農産物の消費地であるサンチャゴや首都サント・ドミンゴへの交通の便がよく、市場が揃っており、トラクターを借りて耕耘することも可能であり、肥料、除虫剤、雇用労働者の手当ても容易だった。水源地の水は、もっぱら水力発電所と、先住の農業移民、現地農業者に優先的に回されていたが、湧水や水路を利用して、畑に水を入れることも不可能ではなかった。

　日本人二人が、カピタル（首都＝サント・ドミンゴ、独裁者トルヒーリョ時代にはトルヒーリョ市と改称されていた）にお上りさんとして出かけ、ホテルで小便用の洗面器で顔を洗い、うがいをするという弥次喜多ぶりを発揮したり、妻の浅知恵を入れ、水に漬けた豆を植えて、腐らせるという失敗をしたり、日本人移民同士が分け合った農地を、夜中に少しずつその境界の石をずらしあった、などという興味深いエピソードも盛り込まれている。

が、何といっても、ドミニカに定住し、成功するのだという「山岡」の強い意志が、ドミニカでの農業入植を成功させたという、やや自画自賛的な物語としてこの小説は終わっている。

ダハボン、ネイバ地区に移住した日本人移民たちに較べ、コンスタンサ地区は恵まれていたといってもよく、それがこの地区の移民から、いわゆる〝ドミニカ訴訟〟の原告に加わる人が少なかったというのも、そうした移住地による地域差ということもあったと思われる。そのためか、トルヒーリョ独裁体制については治安の安定ということで、肯定的であったともいえるのである。

コンスタンサ地区に入植し、そこで一定の収穫をあげ、経営的にも何とか安定しかかったところを、第二陣の入植者が日本からやってきて、契約通りの土地を与えられないという土地問題から、コンスタンサから五十キロほど離れたハラバコア地区に、再入植した移民の家族がいた。高知県本山町から移民としてやってきた高石家の一家である。

小学四年の時に父母や兄弟といっしょにドミニカにやってきた上田秋助（旧姓高石）は、その父母と一家の移民体験を基に『アディオス・ミ・サント・ドミンゴ　欺かれた一ドミニカ移住者の記録』（一九八三年、南の風社）という本を書いている。

独裁者トルヒーリョ体制を打倒しようとするドミニカ共和国の変動、社会不安、生産—消費関係の激変、外国人移民の受け入れの感情の悪化など、本人たちの努力や我慢ではどうにもならない事情で入植地を離れ、農業から転業したり、南米へ再移住を図ったり、日本への帰国を余儀なくされたりしたのである。高石一家は、故国に〝錦なき帰国〟をせざるをえなかった。秋助は、小学四年のクラスに編入された。三週間後に六年生に再編入したが、学課の遅れは明らかだった。彼はこうして故国でカルチャーショックを受けたのである。

こうした体験が、彼をドミニカ旧移住民の補償問題に関わらせ、ドミニカだけに限らず、ラテンアメリカの日本人の農業移民の問題に関心を持たせた要因であることは間違いないだろう。前掲書も、黙々として農耕に勤《いそし》み、トマト、キビ、ナス、ピーマン、イネ、チシャ、タマネギ、ニンニク、インゲンマメ、ピーナッツと、様々な野菜や果樹、花卉《かき》の栽培を試みながら、ドミニカの土地に日本式農業を根づかせようとした両親の苦労を偲ぶ記述が見られるのだ。

9. サント・ドミンゴの日本人農業移住記念碑

ドミニカ共和国の首都サント・ドミンゴには、移住地を離れた日本人移民が比較的多く集まっている。コンスタンサ移住地のように、日本の田園風景と似たような風景を持つといわれる農業に適した移住地を除いて、ダハボン移住地やネイバ移住地を始めとして、日本人農民による農耕には不適な土地を与えられた日本人移民は、その土地で虚しい努力を続けた末に、その地を離れざるをえなかった。

日本から持ってきたわずかな蓄えをまったく失う前に、サント・ドミンゴの市街などに出て、別の仕事にチャレンジした方が、まだ賢明な選択（不可避の選択）といえたのだ。同じ農業であっても、花卉栽培、蔬菜《そさい》栽培は、近郊に消費地を持つサント・ドミンゴ（やサンチャゴ）以外では成り立たず、南米での日本人移民が営む小売業、修理工場、貿易業、会社員などの職業は、首都か、その周辺でしか成り立たせることができなかったのである。

サント・ドミンゴは、美しい、古い港町である。アメリカ大陸の最初の侵略者であるコロンブスが、最初に上陸したカリブ海の島であり、ユネスコに認証された世界遺産となっている石造りのカトリック教会のサンタ・マリア・ラ・メイル大聖堂がある。

サント・ドミンゴのコロンブス像

コロンブスの銅像のある、街の中心部の中央公園には、大きな熱帯樹の木陰で、涼んでいるサント・ドミンゴの市民たちがいる。

芝生に寝そべっている者、簡易椅子に坐っている者、ベンチに腰をかけて

サント・ドミンゴの移住家族像

いる年寄りや婦人たち。活発なはずの子供も、暑さにはかなわないらしく、動き回っていない。

とにかく、暑い。強い日射し、石畳の道からは輻射熱が立ち上り、コロニアル様式の古い街並みを歩くにも、日陰を捜しながら、汗を拭き拭き、歩くしかない。観光客は木陰で、日覆いのついたテラスのカフェで、冷たい飲み物を飲むか、アイスクリームでも舐めるよりほかに過ごしようのない真昼だ。

観光馬車の馬たちも、その馭者たちといっしょに、建物の壁際に寄り添うように立ち、暑さに耐えている。じっと立っているだけでも、頭がくらくらしそうなほどの暑さは、馬にも耐え難いのだろう。裏小路に入ると、馬の排泄物の臭いが強烈に臭う。

スペイン植民地時代の海を見下ろすオサマ砦が残っていた。国境警備の防人として、国境地帯に配置された日本人移民は、選択の余地なく、首都に流れ込んで来ざるをえなかったのだ。

中央広場から少し離れた、海の見える港に近い公園には、インディオたちにキリスト教を布教したという聖者の白い、大きな肖像があり、港のモニュメンタルになっているのだが、その近くのガジュマルの大木が何本も並ぶ公園の階段状の敷地内に、「ドミニカ日本人農業移住記念碑」の銅像が建っている。日系人協会の音頭取りで、JICAの資金協力によって建立されたものだ。

暑い日差しが降り注ぐなか、日本人開拓者の夫婦が二人立っている。その二人の前に少年が一人、笠をかぶった夫は右手にクワを持ち、妻の背中には小さな幼児が背負われている。家族単位でやってきた、ドミニカ移民の姿を象徴する群像である。日本から渡ってきて、サント・ドミンゴの港に上陸したばかりの、青雲の志に燃えた若い開拓者家族を模したものかもしれない。

しかし、このサント・ドミンゴの港に着いて、ドミニカ各地に入植していった日系移民のなかで、入植した土地で今も農業を続けている人は、前述したようにほとんどいない。

サント・ドミンゴに出てきた日本人移民が、農業に見切りをつけた人たちであることはいうまでもない。しかし、彼らは自分たちが、家族で開拓の精神を持ってドミニカ共和国に来たことを忘れたのではなかった。それがこの「日本人農業移住記念碑」の像に、込められた彼らの記憶の表出だった。

10. 「私の祖父母」

こうした農業移民の家族を一世として、今、ドミニカの日系人の社会は二世、三世が中心となっている。三世の一人は、こんな作文を書いている。

（私の祖父母）

私の祖父母は1944年ぐらいにドミニカへ来ました。けれど、私の祖母はドミニカへ来る前に鹿児島に住んでいました。でも、祖父と結婚する前に韓国で事務員として働いていました。韓国から帰った後、祖父たちのお父さんは2人の結婚をきめたので結婚したそうです。2人が結婚した後、畑で働いていました。

日本は戦争にあったのでできけんな場所になりました。ですから、祖父たちはドミニカへ来ました。ドミニカに来た後、畑で働きましたが、野菜は売れませんでした。それは、ドミニカ人が野菜を食べなかったからです。野菜を売れなかった祖父たちはお金もなく、仕事もなく、日本へ帰りたいと思いました。

今の祖母はドミニカの生活になれたので、ここですんでも悪くないと思っています。けれど、日本へ行きたいとも思っています。

私の母と父は小さい時からドミニカに住んでいたので、ドミニカが日本より好きです。でもここに仕事がないのでしかたなく日本に行くことになりました。母はドミニカに生まれて、お父さんたちは日本人なのでパスポートは両方もっています。父はドミニカ人なのでドミニカのパスポートをもっています。

私は半分日本人、半分ドミニカ人なのではパスポートは両方もっています。小さい時からドミニカに住んでいて、この国には悪い所もあるけれどドミニカが大好きです。友達もいるし、言葉もよくわかります。ドミニカの生活になれています。けれど日本も大好きです。文化も言葉も、日本の生活をもっとしりたいと思っています。（前出『青雲の翔』）

現在、ドミニカに居住している日系人は、二七七戸、八四九名とされている（数字は、二〇〇七年三月末現在。以下同）。居住地別にいうと、もっとも多いのが首都のサント・ドミンゴ地区で、百五〇戸、四四〇名にのぼり、日系人の約半数が首都に集中していることになる。もちろん、最初の各移住地から転住してきた人たちで、農業を営んでいるのは、近郊農業として、わずか二戸ほどである。次に、コンスタンサ地区、二一戸、六三名、ハラバコア地区、十三戸、四五名、ラ・ベーガ地区、四四戸、一四〇名、ダハボン地区、十八戸、五八名、サンティアゴ地区、十三戸、四四名、南部地区、十八戸、五九名となる。このうち、農業自営者は十九・一パーセントの五三戸しかなく、あとは非農業自営業者、給与所得者などで、残りの八割を占める。もはや、農業移住者（の子孫）とはいえなくなっているのが現実である（前出『今、生きてここに在る』資料編）。

ダハボン移住地の現状から分かるように、最初からの移住地で、農業を続けているのは、すでに述べたように、ハラバコア、コンスタンサなどのドミニカ移住地のなかでは比較的農耕に向いた土地で、移民たちの努力によって、稲作、蔬菜、果樹、花卉などの栽培が軌道に乗り、移民たちの苦労が報われ始めている。逆に、ドウヘルへ、ネイバ地区などは、農耕地としては不毛の土地で、移住民は入植そうそうに転住を余儀なくされた。

やはりドミニカとハイチの国境地帯にあるアーグアネグラ、アルタグラシア地区は、コーヒー栽培を目指して入植したが、コーヒー栽培には適していても、移民たちの主食としての稲作ができず、コーヒー栽培に不慣れな日本人移民には、やはり不適応で、アーグアネグラに一軒のコーヒー農家が残っているきりである。アルタグラシアは岩山の土地で、コーヒー栽培にも不向きで、日本人の移住地として定着することはできなかった。

ドミニカ人が野菜を食べるようになったのは、日本人農民が丹精した東洋野菜のおかげであるといわれている。売れない野菜を作り続け、その味やビタミンなどの栄養素や、健康食としての価値を浸透させ、商品として流通させるようにするまで、日本人野菜農家の数知れない苦労と努力があったのである。これは、ドミニカだけではなく、南米全体にいえることでもある。

この作文で分かるように、二世の世代では、すでにドミニカ人との婚姻は進み、三世は混血が一般的である。人口約八六六万人のなかのわずか八四九人の日系人が、日系人の配偶者を求めることは、きわめて難しい。ドミニカ国人の七割以上が何らかの混血系であり、それが民族的マジョリティーなのである。このことは、いずれ日系人が、さらに他人種、他民族と混血して、日本人としての血が希釈され、ついには日系人社会というコミュニティーの解体が予測されるということだ。

〝ドミニカ移民は、棄民だった〟といわれ、国家が関与した移民政策のなかでも、もっとも悲惨な結果を生んだものとして、近代日本の移民史のなかでも特筆されるべき〝失敗の記憶〟は、こうした日系人社会のなし崩し的な解体や、「にほんごがっこう」の記憶の喪失とともに、やがて消えてしまうかもしれない。日本人は日系人になり、そして多民族のなかに一つ〝ハポネス〟（スペイン語で日本人）の子孫として、ドミニカ人として解消されていってしまうことも、遠い未来のことではないのかもしれない。

そうした日系人解消の時がきても、サント・ドミンゴ港に近い「ドミニカ日本人農業移住記念碑」の一家族の四人は、潮風に吹かれながら、椰子の海岸林の向こうの、カリブ海の青海原を、いつまでも、見つめ続けているに違いない。カリブの海と島とに招き寄せられた人々の、もはや見失われた過去の夢を夢見ながら。

第二章

ボリビアの二つの日本人村

I. ボリビアのオキナワ

1 OKINAWA村

ボリビアは、インカ文明を育んだ国で、首都ラパスが海抜二千メートルの高地にあることから、アンデス山脈を中心とした高山国のように思われているが、もちろん低地もある。第二の中心都市、サンタクルス周辺は、大アマゾンの上流にあたる地域で、かつては千古斧鉞《ふえつ》を通さぬといわれた原始林が地上を覆っていた。この土地を開拓し、緑の農耕地に変えていった日本人の移民たちがいた。同じくサンタクルス州にある「コロニア・オキナワ村」と、「サンファン日本人村」の二つの集落の農民たちだ。

ボリビアにもオキナワがある、といったら驚くだろうか。正真正銘の「オキナワ村」である。村長さんもいるし、村役場もある。地図の上にもちゃんと「OKINAWA」と書いてある。ボリビアの第二の都市サンタクルスから、車で二時間ほど行った（百三十キロメートル）場所にある。正式名称、サンタクルス州サンタクルス郡オキナワ村。日本の沖縄県以外で、オキナワと称する地名は、ここ、ボリビア（正式には、ボリビア多民族国）にしかない。

この村の由来を語るのは、沖縄を砲撃の嵐、火の海に突き落とした「沖縄戦」の昔に遡《さかのぼ》らなければならない。一九四五年六月のことである。海面が見えないほどに沖縄の海上に蝟集したアメリカ艦隊は、上陸作戦を始めるに当たって、徹底的な艦砲射撃を地上に浴びせかけた。戦争における上陸作戦は、本来はそれを行う方が不利である。水陸両用艇であれ、上陸艇であれ、海中から陸上へ上がる時に、地上からの攻撃の隙を見せる。陸上で守備する側は、その一瞬の隙を狙って総攻撃を仕掛けるからだ。

しかし、アメリカ軍は、日本軍が守備する島への上陸に当たって、それ以前に徹底的に艦砲射撃によって地上の陣地を攻撃し、破壊することによって、上陸作戦を危険や被害の少ないものにしようとしたのである。そのため、沖縄島の全土が砲火に包まれた。日本軍の陣地どころか、学校も、病院も、家も、倉庫も、田圃も、畑も、亀甲墓《かめのこうばか》も首里城も、すべて爆撃され、破壊され、粉砕されてしまった。

米軍兵は、そんな破壊された島に上陸してきた。そして、軍政を敷き、日本本土から切り離して、琉球政府、琉球米民政府なるものを設立した。長い〝アメリカ世《ゆ》〟、すなわちアメリカ軍による沖縄支配が始まったのである。

アメリカ軍は、嘉手納《かでな》や普天間《ふてんま》などの日本軍の旧基地を接収して、米軍のものとして利用するほか、多くの沖縄の土地を奪って軍用地とした。もちろん、沖縄の誰もそれに異を唱えることなどできなかった。沖縄人は、住む家にも、耕す田畑の土地にも困った。日本本土からは切り離され、自由な行き来もできなくなった。土地を失い、生活手段を失った、那覇や読谷《よみたん》などの旧住民の沖縄人を海外に移民させることが真剣に考えられるようになった。

南米のボリビアには、戦前から沖縄人移民たちの集まりがあった。南米に天然ゴム採集のブームがあった時に渡って行った日本人たちが、ブームが去った後も、ボリビアやブラジルやペルーなどに定着していた。そのなかの沖縄出身者が、戦災に遭った同郷の同胞たちの境遇に同情して、救援活動を行うことになったのだ。ボリビアのベニ県リベラルタ市に住む沖縄県出身者を中心とした「リベラルタ市沖縄戦災救援会」がそれである。

故郷で困っている沖縄人を迎え入れよう。こういう同胞意識から始まった沖縄からのボリビア移民だったが、当時、琉球諸島を軍事支配していたアメリカの軍政府（米国民政府と称していたが）の思惑は少し違っていたようだ。南米のボリビアを、自分たちが自由に使える〝植民地〟の程度にしか考えていなかったアメリカは、軍事支配下の沖縄の余剰人口を、米国の〝裏庭〟であるボリビアのジャングルに送り込んで、未開地を開拓させれば、一石二鳥の役に立つ、そう考えたのである。

米国の政策としては、トルーマン大統領が打ち出した、ポイント・フォー計画（途上国開発支援計画）があった。開発途上国に技術援助として社会的基礎整備を実行することによって、ラテンアメリカの貧乏な諸国を共産主義化させず、過激な民族運動を抑えるものである。これにクーデターによって政権を奪ったビクトル・パス・エステンソーロ大統領（一九〇七〜二〇〇一）の、鉱山の国有化、土地改革、普通選挙などの社会主義的な政策と相まった西部に比べ、開発の遅れていた東部のサンタクルス州の開拓が緊急の課題となってきたのである。沖縄移民はこのための尖兵ということとなる。

その当時、ボリビアに行こうか、「八重山（ヤエマー）」に行こうかという言葉が、土地を奪われた沖縄（本島）では語られたそうだ。ボリビアと同等に辺鄙な地として語られている八重山に開拓に入った沖縄本島人の苦闘の生活を描いたものとして、大城貞俊（一九四九〜）の『カミちゃん、起きなさい！　生きるんだよ。』（二〇一八年、インパクト出版会）がある。「カミちゃん」と呼ばれる女性が、夫婦、家族して石垣島に移住して、そこでの開拓に従事する苦難の物語である。マラリアの猖獗《しょうけつ》する八重山は、まさに、ラテンアメリカのボリビアと同様の、焦熱の地であり、暗黒の未開拓地と思われていたのである。

米軍の基地用地に土地を奪われ、農業を続けられなくなった沖縄本島人は、見知らぬ南米のボリビアか、旧琉球王朝の支配地であった八重山（石垣島、波照間島などの八重山群島。〝八重山〟という名前の単独の島というのはない）に八重山移民として出ざるをえなかったというのである。

ボリビアへ行く組は、「うるま移民団」と名付けられ、それはさっそく実行に移された。琉球政府と米国民政府の合作の事業だった。沖縄の各地から移民が募集され、第一次の「うるま移住団」が沖縄を船出し、現地に到着したのは、一九五四年八月十五日のことだった。

こうして沖縄からのボリビアの移民が出発したのだが、これが戦後の日本政府の関与による海外移民とは様相の異なったものであることは明らかだろう。開拓の初期はもっぱらアメリカからの援助があり、日本政府はまったく関与しなかった（できなかったともいえる）。一九七〇年に、沖縄県が〝本土復帰〟によって日本化されてから、米国に代わって、日本政府が援助、関与をしたのだが、沖縄県が県単位で援助した面が強い。

ある意味では沖縄県の〝海外飛び地〟であるコロニア・オキナワは、特異な海外移住の歴史を持っているのである。

2　オキナワ村六十周年記念祭

二〇一四年八月十七日、広く晴れ渡った青空の下、コロニア・オキナワ村では、「オキナワ村移民六十周年記念式典」が村の中心部にある中央文化会館で盛大に開かれた。雲一つない青い空が広がり、地平線が見えるほどの平たい農耕地が続く単調な風景の一角に、穀物貯蔵タンクや製粉工場の施設が突如現れる。それが、日本人移民九百人

オキナワ村

程度と、一万人以上のボリビア人が住む、サンタクルス州のコロニア・オキナワ村だ。

村の入り口には、アーチがかかり、スペイン語でコロニア・オキナワ村と書かれ、「オキナワ移住地」と日本語で書かれたコンクリートの標識もある。農機具や自動車のショールームや、電器製品の見本市の出店がメインストリートに並んでいた。いかにも農村のお祭りといった賑わいである。

準備会場では、式典参加者や来訪者のための昼食の用意におおわらわだった。オキナワ村の村民総出で、晴れの日の裏方として働いているのだ。メリケン粉を鹹水《かんすい》でこねて、中華風の麺を作り、その麺を大きな釜で湯掻《ゆが》く。それを器に入れ、鰹節や昆布でダシをとった汁をかけ、上に豚のあばら肉を煮たソーキを豪華に盛ったのが、オキナワ村特製の手作りソーキソバだ。それに、ゴーヤチャンプルーやテビチのおかずが付く。

オキナワ村の子ども

村人（近在の村からの助っ人も入っている）のオバァやネーネー（女性）たちが一心に料理に精を出し、オジィやニーニー（男性）が周りをうろうろしているという恰好だ。オジィたちには、すでに泡盛が入っているようだ。

建物の横では子供たちが、エイサーの練習をしていた。赤い頭巾を被り、太鼓を持って、跳ねるような動きで太鼓を打つ。旗頭を先頭に、大太鼓や締太鼓を持つ子供たちもいる。指笛を鳴らす子もいる。同じ打掛、羽織姿で、日本語でがやがやと騒いでいるその様子は、沖縄の子供たちとまったく変わりはない。

数百人規模の大規模な昼食が終わると、ようやく記念式典が始まる。のんびりとした沖縄時間（いや、ボリビア時間？）の開始である。開会式は、コロニア・オキナワ村の中心的建物である中央文化会館前の中央広場であり、ぎっしりと人が詰めかけている。

地元民、そして日本からの参列者だけでなく、ブラジル、アルゼンチン、ペルー、チリなど南米各国の沖縄県人会の人々も多く、まさに〝世界のウチナンチュー〟の動員力、底力を見せつけるような式典だったのである。五十周年記念の時も、これと同様の規模の記念式典を行ったというから、その動員力、集金力は、端倪《たんげい》すべからざるものがあるといえる。

「あんたがたは、どこから来たの？」と、入場式に並んでいる列のなかから、おばさんが話しかけてくる。「トウキョウから」。私は「日本」からといったほうがいいのかなと迷いながら、そう答える。「私たちはブラジルから。あっちはペルーから、こっちはチリ」。まるで隣の町から集まったかのように心安さだ。南米のウチナンチューには、国境はないも同然なのだろう。

記念式典の冒頭には、ボリビア国旗掲揚と国歌斉唱。次に日の丸掲揚と君が代斉唱。これは前日に、村の中心の広場（公会堂の正面に面し、向かい側に鳥居のモニュメンタルがあり、そこが鳥居公園である）で開催された、一年に一回の「豊年祭」の式順と同じである。

豊年祭は、広場に臨時の観覧席と椅子席を設け、中心のエリアで、三線《サンシン》の演奏と琉球舞踊、日本舞踊やエイサー踊り、琉球唐手の演技などのアトラクションを行うもので（日本でいえば、秋の収穫の祭りということになるだろう）中央広場の周囲には日本のお祭りの縁日のような露店が並んでいた。たこ焼きや射的や風船売りの商売人が集まり、子供たちのためのトランポリンの遊技場や氷菓子屋がある。ボリビア人、日系人入り混じってのお祭り風景である、と表面的にはいえる。

しかし、私は、広場を中心として、アトラクションを行われる正面を向いた椅子席、観覧席には主に日系人、日射しの直接降り注ぐ、向かい側の観覧席にはほぼボリビア人と、整然と区別されていることに気が付いた。風船売りが、ボリビア人席を回ってもほとんど売れていない。日系人席では、子供がちらほらと風船の糸を握っている。冷蔵箱に入れたアイスキャンデーも、売れているのは、ボリビア人席だけのようだ。日系人席では、ミネラルウォーターやコカコーラの類いが配られたり、売れたりしている。私としても、安っぽく、色の毒々しいボリビア製のアイスキャンデーを、埃っぽい会場で

オキナワ村の鳥居

食べる気にはなれない。

これはオキナワ村のことだけではなく、サンファンの日本人移民村でも感じたことなのだが、日系人と地元のボリビア人との間には、まだ〝見えない線〟が引かれているように思えた。

オキナワ村は、軍政期の沖縄から移民してきたのだから、パスポートも菊の御紋章のついた「日本国」のものではなかった。アメリカ民政府のもので、「琉球居住者」として、アメリカの統治下、被保護下にあったのだ。だから、ボリビアのコロニア・オキナワ村は、ボリビア政府に対して治外法権的で、米国の海外領土的な扱いだった。開発、開拓に伴う援助要請や、さまざまな要求も、米民政府が窓口となって、アメリカ本国に伝えられたのであり、日本国政府からは何の援助も受けなかったのである。


記念式典がつつがなく終わると、今度は文化会館屋内での記念懇親会である。記念行事のメイン会場である文化会館の広間の壇上には、ボリビア多民族国の外務副大臣や、地元のサンタクルス州の知事、オキナワ村村長のボリビア人のお歴々と（参列予定者として入っていたボリビア多民族国の初めてのインディオ出身のエボ・モラレス（一九五九〜）大統領は、所用のため来られなかったが）、在ボリビア日本大使、そして沖縄県副知事（知事代理）、那覇市長（市長会代表）、沖縄村長（町村長会代表）などの沖縄県からのゲストがずらっと並び、日本ボリビア協会のオキナワ村の役員による、日本語とスペイン語の両方の言葉で式典は進行した。参加者は、各テーブルに分かれて、紙皿に盛ったご馳走と、ビール、泡盛、日本酒、ウィスキーと、好き勝手な飲み物をふんだんに味わうことができる。

余談になるが、この時の那覇市長は後に沖縄県知事になる翁長雄志《おながたけし》（一九五〇〜二〇一八）氏で（私、川村とは法政大学法学部で同窓）であり、県副知事の高良倉吉（一九四七〜）氏は、翁長氏の政敵とも目された仲井眞弘多（一九三九〜）氏のブレーンといわれていた。この二人が壇上で並んでいる光景は、興味深いものであった。私の見るところでは、二人が会話することも、目を合わせることもなかった（追記――翁長氏は二〇一八年七月に死去した）。

3　三重国籍の〝日本人〟

前述したが、一九七〇年に、沖縄の施政権が日本に返還される前の一九六九年、ボリビア・オキナワ村も、はれて〝アメリカから、日本国政府〟へと移管された。オキナワ村の大多数の日系人は、日本国籍を持つ日本人である。南米の多くの国がそうであるように、ボリビアも国籍取得は現地出生主義である。日本人の両親から生まれたとしても、ボリビアの地で生まれればボリビア人である。日本の民法では、両親か、あるいはその一方が日本人であれば、日本国籍となるという血統主義を取っている。必然的にボリビア生まれの二世以降の日系人は、日本とボリビアの二重国籍となり、日本の法律ではその場合、二重国籍者は二十歳になった時に、日本国籍を選んだ場合、他の一方の国籍を棄てなればならない。

しかし、ボリビアでは、二重国籍のままでも構わない。勢い、彼（あるいは彼女）は、日本国籍を持ったまま、ボリビア人でもあるという二重国籍となる。その方が両国を往来したり、南米内の各国を旅行するのに便利だからである。

しかし、コロニア・オキナワ村の人々は、日本人やボリビア人である前に、沖縄人＝ウチナーチュである。ウチナーンチュは、本来、ヤマトンチュー＝大和人＝本土人に対する、〝ウチナー（沖縄）〟の人という意味だが、日本人に対する「沖縄人」というアイデンティティーを示しているように思われる。つまり、ボリビアのコロニア・オキナワ村は、「沖縄」が海外に持ったコロニア（植民地、移住地）のことなので、さしあたり、日本という国家、日本の政府とは関わりのない〝海外での独立した沖縄領土〟なのだ。そうでなければ、人口わずか九百人たらず、戸数二百五十たらずのオキナワ村に、沖縄県や沖縄の各市町村から多額の援助金や、有形無形の支援を送られるはずもない。つまり、沖縄、日本、ボリビアのいわば〝三重国籍〟として、オキナワ村の住民は存在しているのである。

もちろん、日本政府やＪＡＣＡのさまざまな支援や援助が、オキナワ村に与えられていないわけではない。ＪＩＣＡから派遣された青年やシニア・ボランティアが、教育、医療、文化活動の各方面で活動していることは確かだ。しかし、それも実際的には沖縄県人のネットワークを通じて実践されている。まさに、ここは〝もう一つのオキナワ〟にほかならないのである。

4　コロニア・オキナワ

ボリビアという国に住む日系人（日本人）という意識以前に、海外に住む沖縄人というアイデンティティーの方が、コロニア・オキナワ村の日系人子弟には強いのではないか。「オキナワ第一日ボ学校」で見せてもらった子供たちの記念文集のなかに、こんな作文があった。

一九五四年に沖縄から、ボリビアへの移住が始まりました。

四千人の人がボリビアに行きたいと言ってましたが行けるのは、四百人でした。第一次移民が最初の移住地に着いたのは、一九五四年八月十五日でした。移住地は、何度か移動しています。最初はうるま移住地でした。でもうるまでは、ある病気が流行しました。その病気の名前は、うるま病です。その病気のせいで十五名が亡くなりました。次ぎにパロメティーヤでした。でもパロメティーヤでは、土地がもらえなかったのでコロニア・オキナワに行きました。

移住は、第一九次まででした。三千二百二十九人が移住してきました。移住地に電気や電話が入ったのは、一九八十年です。そしてNHKが入ったのは、一九九十八年です。私は、お母さんが生まれたころには、もう電気や電話が入ってたかと思いました。それとNHKが入ったのも私が生まれる前の年だったとは、思いませんでした。

私は、冬休みの宿題でおばあちゃんやおじいちゃんにインタビューをしなければいけませんでした。それで私は、おばあちゃんにどこで生まれた村かを聞きました。そしたら私のおばあちゃんは、沖縄島県の知念村で生まれたと言っていました。何次移民かと聞いたら三次移民と言いました。私は、おばあちゃんが三次移民だって事は、知りませんでした。

私は、このコロニア・オキナワは、これからもあんまりかわってほしくないです。ウチナーロやウチナンチューはずっとずっとのこってほしいです。そのために私は、もっともっと沖縄の事を勉強していきたいです。それとコロニア・オキナワの事ももっと知りたいです。ほかの国にもボリビアには、「コロニア・オキナワ」と言う所があるんだと知ってもらいたいです。

私は、コロニア・オキナワが大好きです。

「オキナワ第一日ボ学校」では、沖縄移民の歴史を郷土史として教え、そして家族史としておじいさんやおばあさんから移民としてやって来た当時のことや、生まれ島としての沖縄のことを聞くのを宿題の課題として与えたのである。沖縄戦争や、その後の米軍の占領支配のなかで、沖縄での将来に希望を持てなかった人々が、四千人も、ボリビア移住の募集に応じた。選抜は、狭き門だった。応募者の十分の一の四百人だけが、ボリビア移住の切符を手にすることができたのだ。

しかし、最初に入植した「うるま移住地」には「うるま病」として恐れられた伝染病が発生して(マラリアか黄熱病のような風土病か)、十五人の一次入植の人たちが死んで、パロメティーヤの土地に移ったが、その土地は移民には譲渡されず、三度目に、現在の「コロニア・オキナワ」の地に移住したのである。(ボリビアには黄熱病の残っている地帯があり、日本からは黄熱病の予防注射を受けなければ入国できない。「コロニア・オキナワ」は、黄熱病の残る地帯とされ、持病の糖尿病のために予防注射ができなかった私は、本来入域できないはずだった——ただし、税関のようなものがあるわけでなし、自由に行き来できた。しかし、近くにあるサンファンの日本人村に入るには、予防注射は必要ない。この境界線は曖昧である）。

「うるま」とは「珊瑚砂の島」ということで、沖縄の別称である。沖縄を占領、軍事支配した米軍は、日本とのつながりが強く感じられる「沖縄」という地名を避け、「琉球」という古名を使った。琉球政府、琉球大学などの例である。ボリビアの移住地を「おきなわ移住地」ではなく、「うるま移住地」としたのも、そうした当時の命名法と無関係ではないだろう。

一次から十九次まで、文字通り、父祖たちが切り開いたコロニア・オキナワの地を、その子孫たちが大切に思うのは当然のことだろう。しかし、その間に「三千二百二十九人」が沖縄から渡ってきたのに、現在（二〇一四年）は、二百四十九戸、男女合わせて九百十四人である。自然減、自然増を考え合わせても、帰国者、転住者（ボリビア国内）、再移住者（南米各国や北米など）がいかに多かったかが、分かるのである。

それだけ、オキナワ村に残った日本人移民は、その地への愛着や、自分たちが開拓して、これだけの農地にしたという誇りが強いのだろう。それは、「オキナワ第一日ボ学校」の生徒である、三世や四世の子弟たちにも、しっかりと伝わっているのである。若い世代が郷土愛を持つことはいいことだ。しかし、この作文を書いた生徒の場合、祖父母の出身地の沖縄と、「コロニア・オキナワ」への郷土愛との間に隙間がなく、そこに日本とか、ボリビアという〝国名〟が欠落していることが気がかりなのだ。

もう一人の児童の作文も、紹介してみよう。同じように、やはり「コロニア・オキナワ」という題を与えられて書いたものだ。


今から五十四年前、当時大統領だったエステンソロ氏が日本人のボリビア移民を認めてボリビアの反対側にある日本の沖縄から船で二カ月かけてボリビアについた。当時は広いジャングルを切り開き、このオキナワが出来た。最初のころは「うるま病」という原因不明の病気で多くの死者がでました。しかし、そんなこともものともせず、前に進み、今のオキナワをつくりました。

あれから五十四年、このオキナワはきれいです。緑豊かな広い大地、青い空、自然が多いこの村に暮らしている僕らは幸せに過ごすことが出来ています。

日本の食品、日系人の病院、親切な人々など、なに不自由なく日本のオキナワの文化まで学べる学生達、他のボリビア人に比べると僕達は裕福な方かもしれません。

この世界中のどこを探してもこんなに平和な村は無いと思います。僕達の祖父や祖母がいなかったら僕達は生まれても無く、この学校も無かったと思います。

他の国の日系人と比べるとやはりこのオキナワ村が一番遅く、五十四年目です。しかし、一番文化が残っていると思います。例えばブラジルやアルゼンチンは今年百周年を迎かえ、五世や六世の日系人がいますが、多分その中の数人しかよく日本語を話さないと思います。でもこの村のほとんどがうまく日本語を話します。

しかし今、ボリビアでもなくなりかけている言葉があります。それは、沖縄方言です。沖縄方言は古くから沖縄だけで使われ今はどんどんどんどんなくなって来ます。それはなくなってはいけないのに、どうしてなくなって来ているのだろうか、信じられません。なぜ日ボ学校に方言の授業がないのかふしぎです。方言がわかる一世や二世の皆さんがいるのにおしえる人がいないのがふしぎです。

僕はあと何年このコロニアに生きていくかはわかりませんがこのコロニアがキレイに発展して行くように僕ら三世、四世やその子孫達と一緒に頑張っていきたいです。

やや、わが村の自画自賛的なコロニア・オキナワへの愛郷心が表現されているが、この作文でも、「日本の沖縄」と「コロニア・オキナワ」とは直結していても、ボリビアとそこに生きる人々と言語に対する関心は希薄だ。「日ボ学校」に沖縄方言の授業のないことを「ふしぎ」に思っている感覚は、一世や二世のものをそのまま受け継いでいると考えられる。沖縄に対する限りない望郷心、懐郷の心は、三世、四世にもしっかり継承されているといってよいのだ。

別の生徒の作文に、「コロニア・オキナワには、日本人とアメリカ人が住んでいます」と書いてあった。日本人は分かるとしても、「アメリカ人」とは何だろう（ラテンアメリカ人ということか?）。

ボリビア人のこととは思えないので、「コロニア・オキナワ」の住民は、日本人（沖縄人）とそれ以外の外国人（＝アメリカ人）ということであってボリビア人は、「コロニア・オキナワ」の成員とは見なされていず、オキナワ移住地の周辺に住む、日本人とは雇傭関係にある労働者とその家族、せいぜいが「コロニア・オキナワ」の協力者のような位置に甘んじている人々といった認識なのだろうか。作文の中には、ボリビア人の貧しさを取り上げるものもあり、同情とともに、他者として見下ろすような視線を感じさせるものもあった。

もちろん、「コロニア・オキナワ」には、日本人とボリビア人の国際結婚のカップルもいて、その混血の子供たちも多い。「オキナワ第一日ボ学校」には、日系人の子供たちだけではなく、混血の子、ボリビア人の子供も在学して、午前中にはスペイン語の教科を、午後には日本語の特別授業が行われている。

「コロニア・オキナワ」にもう一つある「エスペランサ日ボ学校」も同様である。ボリビア教育省の正式な認可を受けた学校になるためには、「オキナワ日ボ協会」が設立運営の母体であっても、スペイン語のカリキュラムなど、ボリビア政府の決めた通りにしなければならない。校長先生もボリビア人と日本人の二人がいて、それぞれスペイン語と日本語の授業を管轄しているのである。

5　オキナワとボリビアの共生

オキナワ村を中心とする「コロニア農牧総合共同組合＝CAICO（コイカ）」は、サンファン日系人村の「サンファン農牧総合協同組合＝CAISY（コイシ）」と並んで、ボリビアでは屈指の農業協同組合である。小麦、コーリャン（ソルゴー）、トウモロコシ、砂糖黍、大豆、米などの主要な農作物のほかに、養豚、養鶏、畜産、酪農、養蜂などの業務をこなし、多角的な総合農業組合を作っているのである。機械化による大規模農業、品種改良や技術革新、農産物の加工、食品工業に至るまで、食糧品生産拠点としてのオキナワ村は、ボリビア農業のなかでも欠かすことの出来ない大きな存在となっている。もともと、肥沃な土壌に恵まれ、サンファン日系人村と較べても、二、三倍の収穫量があるといわれる

もちろん、それは沖縄からの移民だけによって成し遂げられたわけではない。オキナワ村には、ボリビア各地から移り住んできたボリビア人が、二千八百世帯、一万二千名に及び（二〇一四年現在）、彼らが農業労働者として、あるいは周辺のさまざまな産業の担い手として、オキナワ村を支えてきたからにほかならない。しかし、豊年祭の場所の棲み分けでも見られるように、日本人とボリビア人とでは、いまだ心のなかに一線が引かれているようである。

いや、心のなかだけではなく、「コロニア・オキナワ」と、オキナワ村には、日本人居住地区と、ボリビア人居住地区がそれぞれ棲み分けられているようで、若干のとまどいのようなものを感じないこともなかった。それだけ、これまで見てきたように、オキナワ人としてのアイデンティティーが、世代を越えて、伝えられているということだろう。

コロニア・オキナワが、ボリビアのなかでは、ずばぬけて生産水準も、生活水準も高いことは疑

う余地がないだろう。共同組合活動についても先駆的で、ボリビアの農村のモデルケースとして、国内外からの見学客、視察に来る人たちも多く、南米移民のなかでも、もっとも成功した部類といってよい。それはひとえに勤勉なオキナワ村の人たちの営々とした努力と研鑽、団結心や共同体感覚にあると思うのだが、そうしたコロニア・オキナワを支えてきた、移民送出地である沖縄の各市町村や一族の協力や支援も、あずかって力があったものと思われる。

ひるがえって考えてみると、他の南米移民の集団的な移住地で、送り出し先の日本国家や県などの地方自治体で、これほどの支援や協力を、海外の移民先に行っていることがあるのだろうかと、心許なくなる。

ブラジルでもアルゼンチンでも、日本人会の他に（下部組織に）それぞれの県人会があり、独自の活動をしたり、事務所を構えていたり、行事を行っている。移民の子弟たちを、故郷に交換留学させたり、日本語の教師を県単位で派遣したりする活動を行っている県人会も多いが、サンパウロでも、ブエノスアイレスでも、一番、独立的に活動しているのは、「沖縄県人会」である。県人会館として独立した建物を持っている場合もある（ブエノスアイレスの日本庭園の日本食レストランでのメニューにある「(日本）そば」は、沖縄風の「ソーキそば」だった）。

移民した人の数にもよるが、ドミニカ移民のように最初から日本政府の国家的プロジェクトから始まった移民が、〝棄民〟と称されるようになってしまったことと、最初は日本国とは無縁のところから始まったコロニア・オキナワの現状を見較べると、国家の移民政策、すなわち国策としての移民が、必ずしも順当に発展するものではなく、送出先と送り先との緊密な精神的紐帯が、ひとつの鍵となっていると考えられずにはいられなかった。もっとも、これは現地で、現地人として生きるという新しい意味でのナショナル・アイデンティティーとの関わりのなかで論じられるべきことであるとも考えられるのだが。

一九八五年の六月末から八月下旬までの二か月間ボリビアを訪れ、取材調査した石田甚太郎（一九二二〜）は『アンデスの彼方の沖縄と日本　ボリビア移民聞書』（一九八六年、現代企画室）のなかで、オキナワ村の日本人移民と現地ボリビア人との〝距離〟を指摘していた。オキナワ村の小学校でボリビア人教師は、日本人とボリビア人の生徒同士にあまり接触がなく、友だちになっていないということを語り、そのわけをこう説明した。「それは、日本人の子供たちがボリビア人の子供を差別することですよ。日本人は、最初からボリビア人を泥棒だと決めてかかり、物が紛失すると捜しもしないで決めつけるんです」と。もちろんそれは大人たちの考え方がその子供たちにそのまま反映したものだろう。日本内地で〝リューキュー人〟として差別視されてきた沖縄出身者が今度はボリビアで現地人を差別していた。三十年以上も前の時点で、すでに日本からの訪問者の眼にもそうした差別や距たりが見えていたのである。

6　失敗したオキナワ村

南米に「オキナワ村」を建設しようという動きは、ボリビアだけではなく、ブラジルにもあった。

アマゾン奥地のなかでも、とりわけ未開であるといわれるマットグロッソ州の地域に入植しようとした、いわゆる「カッペン移民」たちの理想がそうだ。

ボリビアへ沖縄からの移民たちが「うるま移住地」に入った、ほぼ同じ頃の一九五五年、沖縄がまだアメリカ軍によって占領され、軍政下にあった時、米軍に土地を奪われた沖縄の農民たちが、県内、あるいは県外、そして海外へと新天地を求めて旅立ったことはすでに述べた。そのなかに、琉球政府と米国民政府に援助金を求め、南米はブラジルの〝裏アマゾン〟地域の開拓を目指して、「イーリヤ・ベルデ拓殖組合」を組織した人々がいた。しかし、結論からいうと、この「カッペン移民」は、惨憺たる失敗に終わった。そもそも、この開発計画の基となった「カッペン開発会社」という企業（沖縄出身者が経営）が破綻状態のありさまで、分与されるはずの土地も、約束されていたインフラ整備などもことごとく移住者たちの期待を裏切ったものであって、該当地に入る手段さえろくにない状態に、移住を決意してきた四十七家族（第一次）のうち、残留したのが二十八家族で、第二次から第四次まで合わせて七十一家族、四百三十一人のうち、風土病で七人の犠牲を出し、一九六〇年の六年間で、全員が撤退という結果となったのである。

大城立裕（一九二五〜）の『ノロエステ鉄道』（一九八九年、文藝春秋）は、こうしたブラジルの「オキナワ村」の試みの場所を訪ねてゆく紀行的な小説作品だ。農業移民としてコーヒー農園などに労働者として渡って来た移民たちは、農園労働に見切りをつけた（見切りをつけさせられた）移民たちの多くは、ブラジル西北部（ノロエステ）の鉄道建設工事に伴い、その沿線の開拓地をブラジル国家から分割され、原始林を切り開いて、沿線の各地域に居住して開拓生活を送った。そうしたノロエステ地域に根付いたオキナワ移民たちのネットワークを利用して、作家・大城立裕は、それらの集落を訪れ、開拓一世の老女の開拓物語を聞き書きしたのである。

それは、今から顧みれば、開拓の成功物語といえるが、もちろんそうした成功者の裏側に、「カッペン移民」のような幾多の失敗者がいたことを忘れ去ることはできない。もはや、語ることのできない、記録することのできない呻《うめ》き声が、南米の地には渦巻いていたことは確かなのである。

2. サンファン日本人村

1　サンファン〝日本人村〟

ボリビアには、コロニア・オキナワ村とは別の、もうひとつの日本人移住村がある。サンファン日本人村だ。こちらの方は、サンファンが正式名称で、〝日本人村〟は、通称だ。オキナワ村とほぼ同じ頃の一九五六年に、日本―ボリビアの移民協定による、第一次移民団が、その地方の主邑、サンタクルスから、今では車で三時間程度（百四十キロメートル）だが、村に近づくと、アスファルトで舗装された快適な道路が、村の中心部、センター地区や近郊の農場近くまで整えられている。

もちろん、開拓当時にはそんな立派な道路があるわけはなく、横浜港から太平洋を渡って、パナマ運河経由で、大西洋側のブラジルのサントス港に着いた移民団は、そこから薪を焚いて走る蒸気機関車に家財道具といっしょに積み込まれ、ボリビア奥地のサンタクルスまで行き、そこからはスペイン語でカミヨンと呼ばれるトラックで、悪路というより泥沼のような道なき道を掻き分けるように進んだのである。

川を渡るにも橋はなく、小さな舟に、人と荷物を載せ、何度も何度も往復しなければならなかった。対岸に野宿しながらの渡渉だった。泥流が溢れれば、何日も足止めされることは、それからも何年も続いた。

一帯は原始林だが、先住者によってすでに伐開されており（そのための費用を予め払わされていた）、道路もある、家もある、種子も当分の食糧も支給する。電気や水道はないが、努力次第で、それもいずれ可能になるだろう。そんな移住前の謳い文句など、まるっきりデタラメだった。千古斧鉞を通さず、という文字通りの鬱蒼たる大原始林が、まさに、日本人移住者たちに〝無償〟で与えられた土地だった。何人かの人間の輪で、ようやく太さを囲い込むことができる大樹が林立し、その一本を日本から持参してきた鋸や斧で倒すのに、大人の男が数人がかりで、数日かかったという。

約束された家もなかった。切り倒した木を柱に、細い幹や枝で壁を作り、タモク椰子の葉で屋根を葺き、丸太を切って脚にして寝台を作った。地面にそのまま寝たら、蛇やトカゲや蟻たちに襲われかねないからだ。目立った木を切り倒した空き地に火を放ち、焼けた草木の灰を肥料とする焼き畑にした。陸稲《おかぼ》の籾《もみ》を蒔き、米を収穫しようとした。まず、自分たちの食べる分だけの食糧を自給自足しなければならなかったからだ。

幸いなことに、森には食糧となる鹿や山猫、タトゥ（アルマジロ）や、ホッチという大型のネズミ科の動物などの蛋白源があった。移住地周辺にはヤパカニ河があり、鯰の種類の淡水魚が豊富に獲れた。小川のような細流にも、大きな魚が泳いでいた。木の実、果物もあった。それらを狩りして、釣って、採集して、食料としたのである。

もちろん、危険で、獰猛な生きものもいた。大蛇や鰐などを捕まえる時もあった。それらも、移住民たちの蛋白源となったことはいうまでもない。ヤパカニ河の水産物の恵みがなかったら、サンファン移民は全員、移住地を離れざるをえなかっただろうと、移民一世たちはいう。

蚊、蠅、蚋、蟻、蜘蛛、蛭、ダニなどの、人の血を吸ったり、肌を噛む害虫も多く、それらが媒介する黄熱病やマラリアなどの熱帯地方特有の風土病もあった。病院や診療所はおろか、薬も包帯も絆創膏すら、病者や負傷者に対して足りなかったのである。

しかし、一九五六年の第一次移民団が、この地区の最初の〝日本人移民〟ではない。実はそれ以前に、〝西川移民団〟がここ、サンファン地方に入っていて、これが〝最初〟の日本人入植者たちだった。製糖業、すなわち砂糖黍栽培を目論んだ西川利道という人物が、ほぼ私財をはたいて、移住者十四家族八十八人とともに、入植したのは一九五五年のことだった。

戦前において、砂糖は貴重品だった。気候的に砂糖黍の栽培に向かない日本では（奄美、沖縄はこの限りではない）、国際相場に左右される国際商品としての砂糖を、〝国内〟で調達することが悲願だった。日清戦争で割譲された台湾で製糖業を発展させ、国際連盟の委任統治領だった南洋群島（ミクロネシア）のサイパン島で大規模な砂糖産業を興した南洋興発（松江春次が創始者。今でもサイパン島には、シュガー・キングとしての松江春次（一八七六〜一九五四）の銅像が残っている——鳥の糞に塗れて、地元民からは見棄てられているようだが）が、〝海の満鉄〟といわれるような植民地会社を設立したのも、砂糖がそれだけ貴重な国際商品だったからだ。

しかし、南米の〝シュガー・キング〟を目指した（？）西川の夢は挫折した。亜熱帯地方という気候条件はともかく、砂糖黍栽培は、この土地の土壌には適していなかったようだ。また、砂糖黍を粗糖、黒糖に加工し、それを精製する製糖工場を近接させなければ、国際商品としての砂糖は製造できない。それだけの資本と時期的余裕とが、西川にはなかったのである。

こうして西川移民団は、砂糖黍農場、製糖工場の廃墟だけを残して撤退していった。そのサンファン地区に、長崎県出身の家族を半数ほどとする、第一次のボリビア・サンファン日本人移民が到着したのである。

2 〝開拓物語〟

次の文章は、サンファン日ボ協会が、敬老の日にちなんで発行している『文集　長寿』第二十三号に掲載されていたものである。筆者の緒方繕子は、二〇一三年七月に八十三歳で亡くなっている。それまで老人会(寿会)が長寿を記念する冊子として、年に一回だけ発行していた文集に、一度も投稿したことがなかった彼女が、「亡くなる直前に投稿されたということは、俗に『虫が知らせた』と言うことでしょうか」と、寿会の会長はその弔辞で述べている。

私達がはいった原始林の中は、いつもごうごうとうなっていました。森は生きていると思った。朝はよあけからごうごうとサルがほえているのです。それがどこでほへ(え)ているのか正体はみえません。ある日其のサルがあっちこっちとわかれてよんでいるように思いました。私は人夫にききました。すると人夫はあれはサルがあっちこっちカンタール(うたっているのです）といいました。やっぱりサルはサルの世かいがあるんだと思いました。それから来る日も来る日も朝から日がくれるまでサルがうたっているのか、よんでいるのか原始林の中はごうごうと時たまひこうきのような音もする。

ある日切りのこした一本の木がありました。そこにはサルが2ひき、大きなサルです。其のサルは何のかたらいか、たったり、すわったり、そこへBさんがテッポウでうちましたが、なかなかおちません。日本で本にならたようにかいほうしていたのでせう。そのサルはいつの間に逃げたかのかわかりませんでした。（中略）

それから何日かたってから、いつものようにかいものに馬にのってセンターの道をあるいていたら、何か頭の上でバサバサと言ふ者が、よくみるとぬいぐるみのようなサルが木の上をわたっているのです。あまり大きくないそのサルが子供をおんぶしてバサバサとだんだんサルのむれはいっぱい、私の頭の上何もわるいことはしないが、何百匹通っていたかわからない。馬はコトコトとあるいた。やがてサルのむれはどこへいってしまったのか　おかしな事と言ふか、不思議なことがあるもんですね。

原始林のなかでの、野生動物たちと共生する移民生活。開拓の苦労や困難を語る記録や聞き書き、ドキュメンタリー的な文章はたくさんあるが、ほとんど原始的な生存のレベルへと落ち込んだ移住地での生活を、動物たちとの共存共栄といった立場で回想した文章は少ない。

故・緒方繕子の文章は、夫を早く亡くし、女手一つで子供たちを原始林のなかで育てていかなければならない自分の状況を、「サルの世かい」のなかに見出し、そうした生活に共感していたのかもしれない。サル、馬、アナコンダ、ピューマ、変色するへび、くろい大きなカエル、トカゲ。八十四歳の老婆が書いた文章にはそうした動物たちがたくさん出てくる。

開拓の物語というより、動物たちの出てくる民話譚のような文章に、大自然とともに生きた（生きなければならなかった）移民たちの精神風景が垣間見られるのである。

ボリビアに限らず、開拓の初期はこうした野生の自然との共同生活が当たり前なのだが、それはもはや子どもにも孫たちにも本当のこととしては伝わらない伝説、民話的な世界なのだ。

日本からの移民たちが入り込んだ原始林には、先住民のサルたちがいた（先住民としてサルたちしかいなかったと言い換えてもよい）。移民たちは、そうした〝原住民〟を追い立て、追い出すことによって森を開いたのである。どこへともなく、深い森林のさらに奥へと移住していったサルたち。

彼らを見送る移民＝開拓民の日本人は、自分たちの過去の、あるいは将来の姿を見ていたのかもしれない。深い森林が切り開かれ、農耕地となり、村となり、町となってゆく過程で、初期の開拓者たちの中には、そこを離れてゆく人も少なくはなかったはずだからだ。

そうでなくても、最初の開拓移民たちの苦労は、たちまちに忘れ去っていく。故・緒方繕子の、おそらく生涯でほとんど一度だけ書いた開拓当時の苦労話は、こうした開拓者の侵入（侵略）によって、奥地へ奥地へと〝追い立てられてゆく〟者たちへの素朴な挽歌であり、共感だったように思える。それは、サルたちだけのことではなく、先住のインディオの人々であっても、不思議ではないのである。

3　開拓の歴史

一八九九（明治三十二）年、ペルーに向かう「佐倉丸」に乗った八百人ほどの日本人移民が、ペルーでの受け入れ、待遇の悪さから逃亡し、四千メートルのアンデス山脈を超えてボリビアに再移住したのが、最初のボリビアに住んだ日本人移民である。しかし、彼らは日本人村として定着することなく、ボリビア人社会のなかへと融合されていった。彼らは日系人の子孫として社会の底辺層で暮らす人も少なかったという。

このなかからチェ・ゲバラのゲリラ闘争に参加した日系人も出た。フレディ・マエムラ（一九四一〜一九六七）である。鹿児島県からペルーを通じてボリビアへと渡ってきた日系一世の父の前村純吉と、ボリビア人の母の間に生まれた彼は、キューバに医学生として留学し、ゲバラの思想に共鳴して、ボリビアに戻ってゲリラ闘争に参加したのである。子どもの頃に見たボリビア人の生活の惨状にひどく心を動かされた結果だという。ゲバラの死に先立ち、政府軍によって銃殺された。二十五歳だった。──阪本順治監督の映画『エルネスト　もう一人のゲバラ』（二〇一七年）の主人公のモデルで、オダギリジョーが演じた。

本格的な戦後のボリビア移民は、前述の通り、一九五六年の第一次移民団を皮切りに、順次おこなわれた。しかし、第一次から、数次続けられた移民団は、一九六九年の家族数名を最後に打ち切られた。

戦後の人口過剰、食料生産がその消費量に満たず、海外への人口流出を図っていた移民政策は見直されるようになったが、朝鮮戦争を経た好景気の反動で、一九五〇年代後半、六〇年代前半までの不景気な時代（やがて高度経済成長が始まる）には、まだ南米移住の夢は、完全には潰えていなかったのだ。

サンファン日本人学校

サンファン日本人村には、まだ一世の世代のおじいさんやおばあさんが数名、健在で、直接的な話を聞くことはあまりできなかったが、準二世を通じて、その生々しい〃開拓物語〃を聞くことは可能だった。準二世は、子供の頃に家族に連れられて移住地にやってきた人たちで、小学生、中学生、なかには高校を終えた、青年といってもいい人もいた（一世といってもいいだろう）。

サンファン村のセンターにある「移民史料館」を案内してくれたCさんは、富山県から両親に連れられてボリビアへやって来て、何でこんな所に来たんだと、何度も親に文句をいったという。日本での学業を中途半端にしたまま、移住地にやって来ても、朝から晩まで、森林の伐採などの開拓に明け暮れして、もとより勉強する時間も、余裕も、学校もない。移民子弟のために、まがりなりにも学校が開かれたのは、海協連のボリビア支部の事務員としてサンファンに赴任して、移住地の基礎を作ったともいえる若槻泰雄（後に、移民問題の専門家として埼玉大学教授となった）が、初代校長として、「サンファン日本人学校」を開設してからのことだった。もちろん、開拓地の一隅の〝寺子屋〟みたいなもので、最初の生徒は数人だった。

開拓地は、荒れていた。移住した人たちは、日本各地から集められた家族だったが、長崎県からの移民が多かった。半数以上が長崎県からで、一九五〇～六〇年代の炭鉱不況のあおりで失業したり、長崎の炭鉱や、北九州の炭田、筑豊の炭鉱に見切りをつけた（つけさせられた）炭鉱離職者も少なくなかった。

彼らは、上野英信のいうところの〝出ニッポン〟を迫られ、地底でのツルハシやドリルに代えて、ジャングルのなかでの斧や鋸、鍬や鋤に持ち替え、ブラジルをはじめとしてボリビアなど、中南米に追い払われていったといって過言ではないのである。上野英信には、筑豊からブラジルに移民した元炭鉱夫たちの軌跡を描いた『出ニッポン記』のほか、その続編ともいえる沖縄出身者の海外移民を描いた『眉屋私記』というドキュメンタリー作品の傑作がある。

もともと鉱夫気質を持っていた彼らは、気性が荒く、条件のまったく違うサンファンの原始林のなかに放り込まれ、日本へ返せと、海協連の事務所に押し寄せ、座り込みまでしたという。

酒を飲み、酒瓶の蓋が、床を覆いつくすようになったともいう。狩猟用や護身用に銃やピストルを持っている人も多く、酔った上での喧嘩は危険である。アメリカの西部開拓史を地で行くような〝無法地帯〟に近いものが、初期の開拓地の雰囲気だったのである。事件も起きた。入植者同士の殺人。ボリビア人が強盗として日本人を殺し、その犯人を捕まえた日本人たちが彼をリンチして殺し、地元のボリビアたちとの抗争を懸念するような事態も起きた。

また、ボリビア入植地の将来を巡って、喧々囂々《けんけんごうごう》の議論があった。一瞬でも早く、開墾を見限り、日本政府に談判して帰国することを目指すという者、手持ちの資金が尽きないうちに南米の別の国によりよい入植地や仕事場を見つけだそうとする者、開拓の心を忘れず、もっと頑張るべきだと説く者。ほぼ、三対三対三の割合で、帰国組、移住組、在住組と意見が分裂したのである。

サンファンの若槻泰雄像

　海協連のサンファン支部に赴任してきた若槻泰雄は、銃を突きつけられて、強談判をする移民に押し込まれた開拓初期のエピソードを、その著作『移民』（一九六六年、弘文堂）や、前掲の『外務省が消した日本人』のなかで書いている。

若槻泰雄は、東京の事務所で、扇風機に当たりながらデスクワークをしたり、ボリビアなどの現地入植者のそばに来ても、サンタクルスやラパスのような都会から離れようとせず、現地などめったに足を踏み入れようとはしない、〃海外移住〃業務を担当する、半ばお役人的な海協連の大方の職員のなかではユニークな存在だった。

彼は、入植者たちといっしょになって、道路建設や、物資の輸送手段、生活環境、そして作物の選択や実験農法、現地に根付くような農業を展開させようと、住民たちとともに苦労した。愚痴も苦情も聞いた。海協連の本部や、日本政府にも、悲惨な開拓地の現状を伝え、要求と要望と、要請と強請を突きつけた。つまり、親身になり、本気になって、移民たちの自助努力を応援したのである。

今、サンファン日本人村のセンターにある文化会館と多用体育館の建っている広場には、若槻泰雄の銅像が建てられている。村の四十周年記念の時に、農業指導をする彼の立ち姿が、写実的に写し取られている像だ。移民たちが、いかに若槻泰雄という存在を多としているかが分かるモニュメントである。

もちろん、若槻泰雄だけが、サンファン日本人村の功労者、貢献者であるわけではない。陸稲の直播きから、水田耕作へと切り替えるために、井戸を掘って貯水池を作り、水路を工夫した農家。ポン柑などの柑橘類を栽培し、果樹栽培への道筋を付けた農家。養鶏を始め、餌の自給自足を現実化し、販路を開拓して、養鶏業を成功に導いた組合員。ＪＩＣＡからの派遣で来た農業指導員、医療活動や教育活動に尽力したボランティアの人々。これらの人々のたゆみのない努力が、日本人村を発展させてきた。

現在、内科、外科、産婦人科、歯科などの治療科と、入院病床、リハビリセンター、介護センターまでも持つ総合的病院までが村にある。日本人のみならず、地域医療の要となって活動している（余談ながら、私たち調査団の二名は、激しい下痢症状が出て、この病院にお世話になった）。

また、幼稚園から中等課程まで持つ「学園」を持つに至るまでになっているのは、先人たちのたゆまない努力と研鑽が重ねられたことは間違いないのである。ボリビアの他の地域では、義務教育としての学校施設の充実が遅れている。オキナワ村や日本人村の学校は、やはり地域教育の中心センターとして重要なのである。

しかし、皮肉なことに、サンファンの日本人村の農業経営の環境を一変させたのは、グローバルな、〝オイル・ショック〟だったという。産油国のアラブを中心として、石油が世界的に値上がりして、石油の大量消費国の日本では、トイレット・ペーパーの買い占め騒動で象徴されるような生活用品の狂乱的な物価値上がりがあった。農作物もその例外ではなかった。

米、大豆、トウモロコシ、飼料、果実、野菜。サンファン日本人村で生産する穀物や農産物が一斉に値上がりして、生産すればするほど、羽根が生えて売れて行くような状況が続いたのである。日本の農業のように石油を大量消費するような農業ではないのだから、石油値上がり自体は、農家にとってさほど痛いものではない。国際的な農業生産物の高騰は、南米ボリビアの奥地にまで波及してきたのだ。もちろん、農業生産者側にきわめて都合のよい好景気として。

近年は、牛肉や鶏卵のほか、マカダミア・ナッツやオレンジなどの製品化された生産物の販売が好調で、CAISYブランドでの販売にも力を入れているということだった。

4 自然保護林

サンファン日ボ協会の会長さんに、移住地内を案内してもらうことになった。会長さん自身は、富山県から渡ってきた両親の下に生まれた準二世の世代である。小学校の低学年で現地に来た時は、両親になぜ、こんな不便なところに来たのかと、不満を漏らしていたという。日本の故郷もその当時は貧しかったが、こんな未開の開拓地とは雲泥の差だった。蚊や虻などのひとさ、猛獣のうなり声、原始林の暗さ、泥濘の道なき道。日本の穏やかな自然と較べれば、ボリビアは獰猛で野蛮な大自然だった。時たま目にする現住民の姿も、日本人の少年から見れば、マンガや冒険物語に出てくる「土人」としか思えなかった。

村の中央に公園があり、二人の人物の胸像の記念台が建てられている。一人は、移民事業に深い関心を持ったビクトル・エステンソロ・ボリビア大統領と、最初にサンファンの移住地を開拓したといわれる西川移民団の指導者だった西川利道である。公園を囲んで、日ボ協会の事務室、農業協同組合の本部と施設、警察署や商店や食堂などがまばらに散らばっている。ここがサンファン日本人村の〝セントロ（センター）〟だ。

村の重要施設は、前述したように、そこからちょっと離れた総合病院の治療棟と病床棟、リハビリ・センターや、介護治療施設まである、堂々たる総合病院だ。

老人たちのためのディ・サービスを行う老人センター、憩いの家も近くにある。村が運営する移民史料館は、小さな建物だが、開拓当時のサンファンの写真や、入植当時に日本から持ってきて使っていた農具や農耕機械が展示してある。縄編み機などは、開拓民が現地で工夫して拵えたものだという。鉞、斧、鋸など、こんなもので、よく原始の森を切り開けたものだと感心するような小さな、粗末な用具である。

日本人村の中心部には、原始林の森が残っている。開拓され尽くしたような農地や牧場が広がり、開拓当時の自然環境が失われることになったから、その一部を原始林として保存しているのだといぅ。天然種の樹林、樹木や草木、野生の動物たちの保護ということもあり、人間の手の入らない自然林を生物環境の保護として保存しているのだという。もっとも、日本での自然保護のレベルとは違って、迷い込んだら出ては来られないほどの樹海をそのまま保護地区としているという。

日本人村の中心からちょっと離れた川べりのレストランで昼食をご馳走になった（福岡県出身の開拓の人たちに。私たちの調査団の中に福岡出身の団員がいるという、ちょっと迂遠の関係から、昼食の招待となったのだ）。出されたメインの料理は、アルマジロの丸焼きの料理だった。甲羅と肉との間のところが一番おいしいんだと勧められても、ちょっと食べるのに勇気のいる食事だったので、私は普通の牛肉のステーキとビールで十分満足だと答えざるをえなかった。近くの川にはワニがいて、ワニの肉もおいしいという話が出て、興味は尽きなかったが、私たちの食は、あまり進まなかった。

5　ボリビアの和菓子

私たち調査隊の一行は、サンファン村の日系人の家に民宿させてもらうことになっていた。農業移民としてボリビアへやって来て、もう十年にもなるというSさんの家である。二階建てのコンクリート造りの白い建物で、サンファンでもやや大きい屋敷である。

日本のウサギ小屋のような住居しか知らない私たちには、豪壮ともいえそうなコロニアル様式のお屋敷と見えた。二階の四室を、四人の私たちに空けてくれた。トイレとシャワー室は、一階と二階にそれぞれあり、二階の応接スペースには、ソファーとテーブルがあり、無線ランでインターネットの接続ができた。食事は一階の食堂で、ご主人と夫人のホスト家族といっしょにいただいた。

NHKの朝の七時のニュースを、リアルタイムで、夕方の七時に見ながら（十二時間の時差だから、ちょうど午前と午後が入れ替わる）、日本式の食事を振る舞ってもらったのだ。三人の、高校生と大学生、成人した娘さんがいたが、成人と大学生の娘さんは、今は日本に居住中で（留学生は、焼肉屋でアルバイトをしているという）、その留守の部屋を私たちが借りているのだ。カローラとかセリナという、日本の自動車の名前のような三人姉妹の長女の部屋に私は泊めてもらったのだが、女優の左幸子のポートレートが壁に貼ってあった。夫の羽仁進監督といっしょにボリビアにロケハンに来た時、この家に泊まった時の記念写真ということだった。

ホテルも、ペンションもないサンファンの日本村で、日本からの訪問客を泊めるというボランティア的奉仕活動を長らく続けているという。私たちはそんなホストのご夫妻に甘えて、ご主人が近くの川で釣ってきた魚（ご主人の趣味は狩猟と釣りだという）の焼いたのを肴に、夜遅くまで缶ビールの酒宴を繰り広げたのである（今から思えば、大変ご迷惑なことだったろうと、赤面する思いだ）。

私は、ボリビアに来て、ちょっと気になることを、奥さんに聞いてみた。オキナワ村とサンファン日本人村との関わりである。もちろん、日本人同士として、付き合いもあれば、相互の行事への参加など、交流や交渉は少なくない。

サンファン村の教会

ただし、嗜好の違いもあって、たとえばオキナワ村で生産される泡盛は、日本人村では日本酒（清酒）中心となり、あまり消費されない。Sさんの奥さんは、自宅を工場にして和菓子を作っていて（ケーキやクッキーなども作っていたが、最近はどら焼きや饅頭などの餡菓子も好評らしい）、それをサンタクルスの町の日本食品の店に卸して販売しているが、オキナワ村のお客はほとんどいないという。やはり、オキナワ村では、サータアンダギーやチンスコウのような沖縄菓子が主流で、どら焼きやウグイスか餅のような和菓子というよりヤマト風のお菓子は、あまり好まれないということだろうか。むしろ、最近では、地元のボリビア人の富裕層の方に売れ行きがいいという。食文化の違いは、日本を遥かに離れて海外においても、根強く「日本人」同士さえ切り離すのである。

オキナワ村の六十周年記念の豊年祭には、サンファン日本人村からの日本舞踊の一団の参加もあった。和傘に和服の踊りは、ボリビアという地にあって、とても優雅に、あでやかに見えた。しかし、それが隣にある同じ日本人の集団からの参加としてやや淋しいものであったという印象が私にはあった。

カチャーシーのような派手な手振り身振りの踊りと音楽（太鼓と三線）と、静かな振る舞いの日本舞踊（音楽は琴や横笛）という芸能の質の違いももちろんあるが、私の目にはちょっと静か過ぎる、おとなし過ぎるという感じに見えたのである。オキナワ対本土（ヤマト）の懸隔といったものが、このボリビアの移民でも垣間見られるように思われたのである。

オキナワ村は最初、アメリカからの援助を受けていたが、サンファン日本人村は敗戦後ということもあって、日本政府からの経済的援助はほとんどなかった。

トラクターや農業機械やパワーショベルなどの建設機材をアメリカから援助されたオキナワ村を、隣りといってよいサンファン日本人村は羨ましく思っていたのかもしれない。そうした開拓村の成り立ちの違いが、今も同じ日本人移民の開拓村に見えない境界線を引いているのかもしれない。日本本土と沖縄とが、復帰後五十年が経ってもまだ、海峡を隔てる意識の差違が簡単には埋められていないように（沖縄の米軍基地に対する反対運動に対して、本土側の無関心、冷淡さや消極性が極まっているように、だ）。

日本政府からの援助・協力といえば、現在のサンファンの日本人村の村内の道路は、日本の海外援助資金で建設された立派な舗装道路である。サンタクルスからサンファンの日本人村に来る途中、後進国の証明であるような、でこぼこの悪路（未舗装で穴が空いていたり、水たまりができている）が突然、アスファルトでしっかりと舗装された道路に変わる。日本人村のために日本政府が資金を援助し、日本の大手の土建会社が建設した道路だからだ。そのあまりの歴然とした差違に、現地のボリビア人の反撥を招きはしないかと、私でさえ心配してしまうような落差なのだ。

そんな立派な村内の道路だが、一箇所だけ、舗装が剥げ、路肩が崩れているところがあった。そこは大雨になると、にわかに水流ができるところで、日本の土建会社は、そんな現地の土地の事情に無関係に、地図通りに道路を設計したので、そんな箇所ができたという。新しい道路を作っても、そのメンテナンスの計画も費用もない。〝仏を作っても、魂入れず〟といったこんなやり方の国家援助は、徒労とまでは言わないが、問題であることは確かだろう。大手の土建会社を潤すだけの〝土建屋国家・日本〟の断面を見ているようで、私はやれやれと溜息をついたのである。

それにしても、日本人移民の土地は広大だ。見渡す限りの畑地が一軒の農家の所有地だという。牧草地に一機の小型機が故障で着陸し、故障を治し、再び牧草地を滑走路にして飛び立っていったことがあるという。小麦畑やトウモロコシ畑、果樹園があり、牛や羊を放牧する牧草地が広がる。コンバインやトラクターによって土地を耕し、ヘリコプターによって播種、除草剤、肥料の散布を行うといった大型農業は、日本では考えられないほどの規模だ。製材工場や木工所を持つ農家もあって、お屋敷のような居宅を構えている豪農も多い。土地も建築資材もすべて自前で賄っているのだ。二〇一六年には、移住六十周年を迎えるというサンファン日本人村は、海外の開拓移民としてとりわけ成功したものといえるだろう。その間に、どれほどの辛苦と苦難があったことか。私たちの想像が及びつかないところで、開拓地は開かれてきたのである。

6　資源ナショナリズムの道

サンファン日本人村にしろ、コロニア・オキナワにしろ、ボリビア国内においては突出した先進地域にほかならない。他の地域においても一部の大規模農業を除いて、多くの地域は一ヘクタール以下（未満）の農地で細々と畑作を営む零細な農家が少なくなかった。特にボリビアの高山地帯には先住民による粗放な零細農業が営まれ、「世界最貧国」とされた産業構造を持ち、原始的な農業しか育たず、チェ・ゲバラが「第二、第三のベトナムを！」を合言葉に、反米的な社会主義革命の機運を持ち込む下地となっていた。事実、ゲバラたちのゲリラ活動は、高山、山岳の先住民の地域に入り込み、武装蜂起を促すものであった（それは必ずしも先住民や貧民層に浸透しなかったが）。

主要な産業である天然ガスや鉱山物などの資源は、南米の他の国と同じように米国の大資本によって支配され、経済政策も通商政策も、政治そのものが米国によって牛耳られ、資源の搾取、略奪の貿易体制を強いられて来たのである。

これに対し、天然ガスや鉱山施設の国有化が図られ、資源的ナショナリズムの高まりの下に反米的な施策が図られ、先住民出身の左派の政権であるエボラ・モラレス政権が誕生した。この政権は、付加価値を付け加えない、すなわち加工製品化されない食糧資源そのままの輸出（いわゆる飢餓輸出——自国で食糧品が不足しているのに農作物などを輸出品として他国に売り渡すこと）をストップさせるなど、国際的資本主義の貿易体制からの離脱が際立つようになった。

もうひとつ、米国を刺激したのは、コカインの原料となるコカの木（コカの葉）の栽培を先住民の伝統的な農業として認めた政策であり、これは国際的な波紋を呼んだ。それは、コカ茶としての飲用や流通、販売を公認するものであって、多くの先進国で麻薬として製造・流通・消費が禁じられているものを、ボリビア国内法で認めるものであり、麻薬としてのコカインの流入に神経を尖らせている米国との間で〃麻薬戦争〃を惹起させかねないものだった。モラレス政権は高山地帯での先住民のコカの葉の栽培、採集と摂取を認め、米国の麻薬取締り政策（国際的な）に敢然と反旗を翻したのである。

ただ、食糧資源のナショナリズムの方は、完璧に徹底したものではなく、抜け穴もあるようだ。ボリビアのサトウキビを、沖縄の黒糖焼酎の原材料として輸出している仲介業をしている人物（日本人）から話をうかがったのだが、黒糖の輸出を、サトウキビそのものの食糧資源としてではなく、あくまでも製品化した「黒糖」であるという例外として輸出することを当局に認めさせたという。サトウキビ（甘蔗）を煮詰めただけの黒糖は、普通は原材料の食糧品のように思われるが、資源ナショナリズムにもそうしたいくつもの抜け道は少なくないと感じられたのである。

アメリカ（先進国）資本主義からの解放という〝ゲバラの夢〟はようやく端緒に就いたばかりといえるかもしれない。

第三章

ペルー・チリの日本人たち

1. 強制収容所への道

南北のアメリカ大陸への戦前の日本人移民史では、忘れることのできない受難の一時期があった。主にアメリカ合衆国への日本人、日系人が被《こうむ》った、太平洋戦争中の日系人への敵視政策であり、強制収容という災厄である。

第二次世界大戦中には、日本人、日系人排斥（弾圧）の運動が米国でやカナダで盛んとなった。大日本帝国との戦争の火蓋を切ったアメリカ合衆国はもちろんのこと、カナダやオーストラリアなどの諸国や、米国の意向を受けた、中南米の各国でもやはり日本人排斥の嵐が吹き荒れ、日本人移民を塗炭の苦しみに陥らせたことはあまり知られていないのである。

ハワイのオアフ島の真珠湾の不意打ち攻撃は、全米を激怒させた。宣戦布告もなく攻撃することは、戦争のルールを破るものであり、「リメンバー・パールハーバー！（真珠湾を記憶せよ）」を合言葉に、米国民は、日本軍、日本国、日本人への復讐を誓ったのである（現在では、宣戦布告を事前に打電したが、日本公館で英語に翻訳し、アメリカ側に渡すのが、遅れたことが知られている）。

そのとばっちりを喰ったのが、米国在住の日本人、日系人だった。大使館関係者や留学生、企業の駐在員などは、軟禁され、日米の交換船によってそれぞれ帰国させられた。すでに米国籍を持ち、移住してから、二世、三世と代を継いだ日系人たちも、この排斥運動の対象となった。この時に、フランクリン・D・ルーズベルト（一八八二～一九四五）大統領が取った政策が、悪名高い「強制収容所」への収容だった。これは当時においても、米国憲法違反であり、その時までの法律に基づかないものだった。

日本が日系人を通じてスパイ活動を行っている、米国本土への攻撃を手引きしている、などという噂が流れ、「軍が必要のある場合（国防上）に、嫌疑のある日系人を強制的に「外国人」を隔離する」という大統領令９０６６号が、いつの間にか、スパイの嫌疑のある日系人だけではなく、すべての日系人を米国市民社会から隔離して、強制収容所に閉じ込めるという政策へと拡大解釈され、適用されていったのである。

このため、十二万人にも及ぶ日系アメリカ人が、マンザナー、ツール・レイク、ボストン、ヒラ・リバーなどの米国本土の十七箇所の収容所に強制収容され、辛酸を舐めることになったのだ。（ただし、ハワイ州では日系人があまり多すぎるために、強制的に収容するには、場所・施設が少なく、実質的にはあまり実施されなかった）。

日本の敗戦後、強制収容所に収容された日系アメリカ人は解放された。しかし、彼らに対するアメリカ人の向ける眼は、信頼できない二級市民としての差別や、疑心暗鬼の眼であって、全面的な人権の解放とは懸け離れたものであった。しかし、公民権運動の高まりと相まって、日系人に対する権利回復の運動が高まった。その結果が、一九八八年にロナルド・レーガン（一九一一～二〇〇四）大統領が署名した「市民の自由法（日系アメリカ人補償法）」であり、連邦議会が国を代表して日系人に謝罪することとし、現存者に限って一人二万ドルの損害倍賞を行うことになった。

一九九二年には、ジョージ・H・W・ブッシュ（一九二四～）大統領が国を代表して謝罪すると同時に、すべての現存者に二万ドルが行き渡るように四億ドルの追加割り当てを行い、一九九九年までに十六億ドルが、八万人以上の日系アメリカ人、もしくはその子孫に支払われた。これ以外に、米国内で強制収容についての教育を行うために、総額十二億五千ドルの教育基金が設立された。一九四二年に日系人への弾圧が始まってから、五十年以上、半世紀に渡った問題は、ようやく解決したのだった。

2. 日秘文化会館

ペルーの首都リマの中心街ヘスス・マリア地区に、日本人センターとして日秘文化会館がある。「秘」はペルーのことで、「秘露」の略称である。

九階建ての近代的なビルは、またの名を神内《じんない》センターといい、サラリーマン金融の大手プロミスの創業者である神内良一（一九二六〜二〇一七）が大規模な資金援助を行ったことから、この名がある（だから、センター内には、神内氏の胸像がある）。

神内良一は、香川県の小作農の三男として生まれ、農業での成功を目指し、北海道の開拓実修訓練所に入ろうとしたが、志ならず、郷里に帰って、さまざまな商売を経験したのち、一九六二年に消費者金融会社「関西金融（のち、プロミス）」を始めた。この、いわゆるサラ金業は大成功し、東証一部に上場するまでになった。一九九七年には予《かね》てからの念願だった農業会社「神内ファーム21」を設立し、幼い頃からの夢を実現することとなった。傍ら、南米の農業移民の支援のために、ペルーなどの日系人団体に寄付をし、ペルー、コロンビアなどの「日本人センター」の設立に多大な寄与をした。

日本の庶民層から高金利でむしり取ったような金が、回りまわってペルー（やコロンビア）の日系人のためになっているということに、ちょっと複雑な気持ちを持たざるをえない。ただし、神内氏の心情は純粋なものといえるだろう。

会館には、日本食のレストランやカフェ、日系移民博物館のほか、コンサート会場や小さな映画館、日本庭園や茶室などの日本文化を伝える施設もあり、総合的な文化会館として、ペルーの日本人（日系ペルー人）のオアシスのような存在となっている（日系総合病院も隣接している）。

私たちが見学に行った時、高齢になった日系人のために、俳句や短歌教室や、絵画教室、健康教室などが開かれているのを実見した。短歌教室では個人で歌集を編んだ人もいて、歌会始に当選した人もいるという。合同歌集、合同句集も出されていた。

この建物は、第二次世界大戦中に、ペルー政府がそこにあった日本人学校を閉鎖し、没収した跡地に作られたもので、一九六七年五月に開館したのである。

一八九九年、はじめて日本人がペルーに移住してから五十年ほどの時を経ても、ペルー政府は、ペルー内の日本人、日系人を「敵性外国人」とし敵視し、弾圧を加えた。これは、アメリカ合衆国の「敵性外国人」としての日系人を強制収容所に入所させたことの政策に倣ったものである。

これは、ペルーの米国大使館の書記官から、本国の国務省に、「ペルーの日系人が危険である」という根拠不明の報告がなされたことから始まっている。この報告を受け、米国は、ペルーやボリビア、ブラジル、コロンビアなどに日系人、日本人移民の現地での強制収容を要請し、各国がそれに答えたものだった。

中南米の各国の米国大使館は、「日系人社会に影響力がある」とされた人物、現地の警察の協力によって逮捕させ資産、財産を没収し、米国海軍の艦艇で米国に連行し、不法入国を理由としてテキサス州クリスタルシティの移民労働者用のキャンプに強制収容したのである。

これら強制連行された米国以外のメキシコ、カナダ、ブラジル、パナマ、ペルー、ボリビアなどの十三か国から二千二百六十四人が米国内の強制収容所に収容された。このなかでも、ペルーの日系人、日本人移民の数は突出していて、千七百七十一人であり、全体の八十パーセントを占めていた。南米の日系移民のなかではもっとも多かったのである。

このようにペルーでは、中南米の各国のなかでも、とりわけ戦時中の日系人に対して厳しい対応を示しており、米国の強制収容の要請を受けながら、その体制が整っていないなどの理由であまり積極的でなかった他の国との比が目立っていた。

一九六〇年代にペルー政府はその敵視政策の誤りを認め、没収したリマ市内の日本人学校跡地の一万平方メートルを日本人会に賠償として譲り渡した。そこに日本人会によって日秘文化会館が建てられたのである。

前述のように、米国は一九四二年から四六年にかけての日系人の強制収用の政策の誤りを認め、一九八八年にロナルド・レーガン大統領によって謝罪と賠償が実現された。これは日系人団体の粘り強い要求と運動の賜物であったが、ペルーの謝罪と賠償はそれに先立つものであった。

ただし、米国の収容所に収容されたペルーの日系人が解放されたのち、ペルーへ帰国することをペルー政府は拒否した。このため日系ペルー人は、日本へ帰国したり、米国に残留したことが明らかになっている。日秘文化会館も、土地は提供されたものの、建設資金などはペルー政府から出なかった。だから神内氏の活躍する余地があったのである。

こうした戦時中の日本人移民の弾圧は、ペルーに限らず、アメリカ合衆国の〝裏庭〟といわれた中南米諸国に連鎖して、起こった事象だった。米国のルーズベルト大統領が大統領令によって米国内の日系人を強制的に収用所に入れたこともすでに前述の通りよく知られているが、メキシコやペルー、ボリビアなどのラテンアメリカでもそれに連動した運動があったことを私は知らなかった。

日秘文化会館の成り立ちの由来によって、はじめてこうしたペルー日本人移民史があったことを知ったのである。

3.「マリア・ルス号事件」

南米移民といえば、どうしてもブラジルということになり、その他の南米諸国に日本人移民たちが移住したことは知っていても、なかなかその細かい史実の細部にまでは眼が行き届かない。実は、南米への日本人移民は、ペルーが皮切りであり、ペルーでの移民の失敗が、その後の南米移民の苦難の原型もなっているといえる。そうした苦難の一つに、戦時中の米国収容所への強制収容という一コマもあったといえるのである。

つまり、南米日本人移民史のなかでは、ペルーがもっとも歴史が深い。ボリビアやパラグアイのように、戦後移民がもっぱらである国とは、その歴史の厚みが違っているといってもよい。その分だけ、社会の各層に日系人は浸透しており、現地人との混血も多く、社会問題となる割合も多かったと思われる。それが強制収容の問題でも現れていると考えられるのである。

日本とペルーとの関わりは、移民以前からあった。一八七二(明治五)年七月に、「マリア・ルス号(マリア・ルーズ号とも)事件」があった。ペルー船籍のマリア・ルス号が、マカオからペルーに行く途中、修理のため横浜港に碇泊していたのだが、その船に乗せられていた中国人(当時は、清国人)の苦力《クーリー》数名が、その奴隷的な待遇から抜け出すために、船から海中に脱出し、港内のイギリス軍艦に救助を求めた。連絡を受けた在日イギリス公使が、日本政府に中国人の救助を求めてきたということがあったのだ。

ペルーでは、南米各国と同じように黒人の奴隷労働が行われていたが、奴隷解放の機運によって黒人奴隷の使用ができなくなった時に、目をつけられたのが中国人の苦力だった。つまり、マリア・ルス号は、「移民」の名の下に、中国人二百三十人をペルーに運ぶ奴隷船だったのである。

時の日本政府（明治維新の新政府樹立の時からそう時間は経っていなかった。外務卿（外務大審）だった副島種臣（一八二八〜一九〇五）、その部下の大江卓（一八四七〜一九二一）、外交の高官だった榎本武揚（一八三六〜一九〇八）らがこの事件に関わった）は、このにわかに引き起こされた、前代未聞の〝国際紛争〟に苦慮した（日本が開国してから、数年しか経っていなかった）。ペルー側（船長）は、もちろん逃亡者たちの無条件の帰船を求め、日本側の出港停止を解除し、「契約移民」たちを無事ペルーに運んで行くことを要求した。しかし、日本国の裁判は、「移民」としての契約が実質的に人身売買に当たり、それは「人道」に悖《もと》るものとしてペルー側（船長）の言い分を退け、苦力全員を解放し、中国へ帰還させることを決めたのである。

もちろん、この結果をペルー側は不服として、第三国のロシア帝国を介しての国際裁判となった。そこでも日本政府の決定は覆らず、一件は落着した。

しかし、この事件をきっかけに二国間の紛争解決のための条約の締結が必要とされ、日本―ペルー間に日秘修好通商航海仮条約が結ばれた。ペルーは、南米諸国のなかでも最初に日本と国交を樹立した国となり、それが一八九九年の日本人のペルー移民の実現とつながった。いわば、広い意味でいえば、日本人移民は、中国人苦力の労働力の代わりだったといえるのである。

このマリア・ルス号事件は、思わぬ波紋を日本国内にもたらした。「人道主義」を名目に実質的な人身売買を否定した日本側に対し、日本の遊廓の娼妓たちの境遇も人身売買に当たるのではないかという指摘がなされたのだ。人権、人道を語る政府の下で公然と人身売買が行なわれているのではないか、という耳の痛い反論である。

あわてた日本政府は、同年十一月にいわゆる芸娼妓解放令を出し、前借金などで縛られた年季奉公の遊女たちは、妓楼から解放されたのである。続けて出された前借金による拘束を禁じる太政官達に「娼妓芸妓ハ人身ノ権利ヲ失フ者ニテ牛馬ニ異ナラス」という文句があることから「牛馬切りほどき令」といわれた。しかし、これは公娼制度を全面的に禁止するものではなく、妓楼の遊女が私娼となったり、個人の自由意志による契約として、元の遊女に戻るということもあって、実質的な〝解放令〟とはならなかった。廃娼運動はそれからも続くのである。

いずれにしても、近代日本が最初に遭遇した国際紛争が、ペルーとの間にあり、それが日本とペルーとを結びつけたと考えたら、まさに奇縁というべきものだったのである。

なお、早乙女貢（一九二六〜二〇〇八）が、この事件を『僑人の檻』として小説化し、一九六八（昭和四十三）年度の直木三十五賞を受賞している。

4. 〝勝ち組〟と〝負け組〟

ペルーの日本人移民には、〝勝ち組〟と〝負け組〟がいる。これは、いわゆるブラジルで、日本の敗戦を認めない（日本はアメリカに勝ったとする）〝勝ち組〟と、敗戦を認める〝負け組〟と同じ意味ではない。

戦時中の日本からの情報の途絶、日本語新聞の禁止などで、世界の情勢から疎外されたブラジルの日系移民が、祖国の勝利を願望するあまり、狂信的な〝勝ち組〟となって、〝負け組〟の人間の暗殺にまで手を染めたというのは、ブラジルの日本人移民史上、消し去ることのできない汚点であり、悲劇だった。「臣道連盟」などと名乗った〝勝ち組〟は、日本の勝利によって、アメリカ本土に勝利者として移住できるなどというデマを飛ばし、冷静に事態を見ようとする〝負け組〟を攻撃したのである（〝負け組〟人士への暗殺攻撃もあった）。このことは、高木俊朗（一九〇八～一九九八）の『狂信』などの記録として書き残している。また、高橋幸春（一九五〇～）が、麻野涼名義で書いた『移民の譜――東京・サンパウロ殺人交点』（徳間文庫）は、この〝勝ち組〟〝負け組〟の抗争をミステリー事件の発端としている。

しかし、ここで私がいうペルーの〝勝ち組〟と〝負け組〟はこうした意味ではない。文字通り、移民の間での成功者としての〝勝ち組〟と、失敗者、挫折者の子孫として、社会の底辺で呻吟している〝負け組〟ということだ。〝勝ち組〟の象徴的例としては、ペルーの大統領職（第九十一代）にまで上り詰めたアルベルト・フジモリ（一九三八〜）をあげることができる。日系移民の子孫として元首（大統領）にまで〝立身出世〟したのは、南米移民のなかでも、フジモリだけだ。

正式の名称は、アルベルト・ケンヤ・フジモリ・フジモリで、日本名は藤森謙也となる（改姓して片岡謙也）。ペルー人の名前には父親の姓と母親の姓がつくから、姓は、フジモリ・フジモリとなる。日本人にとっては滑稽な感じだ。彼は、熊本県出身の移民であり、リマで仕立物屋をやっていた藤森直一と、その妻ムツエの息子であり、ペルー移民の二世となる。一九三八年、両親が出生の時に日本公使館に出生届けを出し、日本国籍を取得し、ペルーは出生地主義だから（ペルー国内で生まれれば、自動的にペルー国籍が与えられる）、彼はペルーと日本の二重国籍となる（出生地が本当は日本であるという疑義があり、大統領となったのは憲法違反という疑いも提出されている）。一九六一年、ラ・モリーナ国立農科大学大学院農業工学科を卒業し、母校で講師、助教授、教授となり、一九八四年には同大学総長となった。

一九九〇年の大統領選挙に、フジモリは、自分自身が党首となる「カンビオ・ノベンタ」から出馬し、本命と目されていた著名な小説家マリオ・バルガス＝リョサ（一九三六〜。国際ペンクラブ会長、のちにノーベル文学賞受賞）を破って、当選した。当初、ダークホース視されていた彼が当選したのは、ペルーの白人富裕層を代表するリョサへの庶民層の反撥と、前大統領のアラン・ガルシア（一九四九〜）の新自由主義経済に失望、疑問視した中間層の票を集めた結果であると分析された。貧富の差が激しく、白人層と先住民のインディオとその混血メスチゾとの階層差の強いペルーで、中間から底辺層の支持を受けたフジモリの大統領当選は、画期的なものであった。

ただし、フジモリの当選をペルーの日系人団体が手放しで支持したわけではない。マイノリティー出身の大統領の当選は、マジョリティーの民族や他のマイノリティーから反撥や反動を招きかねなく、社会の先頭に立つことなく、地道にペルー社会に溶け込んで暮らしてきた日系人にとっては、むしろその後の日系人排斥などのバックラッシュを怖れたのである。

フジモリ大統領が〝勝ち組〟の代表選手だとしたら、〝負け組〟となったのはどんな人たちだろう。もちろん、無名の、底辺層にいる〝負け組〟を〝代表〟するような具体的な人物は見付けられない。私が見つけたのは、奇しくも、フジモリと大統領選挙を闘った（そして負けた）バルガス＝リョサの小説『緑の家』のなかに登場する、こんな人物だ。

登場人物の一人、「フシーア」は、「ハポネス（日本人）」だった。彼は、ブラジルで迫害され、天然ゴムを密売買する仕事（もちろん、犯罪である）を行い、牢獄に入れられるが脱獄して、インディオの居住地に入り、密輸や盗賊行為を行う。彼はやがて重い感染症にかかり、ボートで奥地にある療養所に向かう。脱獄の際に、敵側の人間に残虐な復讐行為を行ったので、彼は仲間からも〝残酷な日本人〟として一目置かれる存在だったのである。

「フシーア」は、もちろんフィクション（小説）のなかの登場人物にしかすぎない。しかし、リョサのようなペルーのエスタブリッシュメントの層から見た「日本人」の一面が、この人物によってとらえられていると考えることは否定できない。現実にこうした人物が存在することを、少なくともリョサのようなペルー人は、知悉していたと思われるのだ（その視点に、差別や偏見が含まれていたとしても）。

『緑の家』の翻訳者の木村榮一は、その「訳者解説」で、リョサが大学で助手をしていた頃、メキシコの人類学者のインディオ調査隊に加わり、サンタ・マリーア・デ・ニエバの町で、町の人や、尼僧やゴム商人、先住民の少女などから、のちに『緑の家』のストーリーやエピソードの基になる話をたくさん聞き出したという。そのなかには「フシーア」のモデルのような人物もいた。

第二次大戦中にトゥシーアという名の日本人が迫害を受けてブラジルからその地方に逃れてきた。町の人たちが危険だからと言って止めるのもきかず、その日本人は単身サンティァーゴに向かって行った。どういう手を用いたは知るよしもないが、ともかくその男は剽悍なインディオたちを手なずけて、他のインディオの集落を襲っては略奪をほしいままにし、ついにはインディオの女たちを集めてハーレムまで作っていたと言われる。バルガス=リョサたちの一行は、たまたまそのハーレムにいたことのあるエステル・チュビックというインディオの女性と知り合い、彼女からトゥシーアや彼の住んでいる島のことを詳しく聞き出した。

この「トゥシーア」が、「フシーア」のモデルであることは明らかだろう（ただ、「トゥシーア」にしても、

「フシーア」にしても日本人の名前としては変である。どんな名前がペルー流に訛ったのだろうか)。

トゥシーアという存在も、インディオの伝説や民話めいた話ともいえなくはない。英雄伝説であれ、悪漢伝説であれ、そこには「異人」の相貌を持つ「日本人」の姿がある。ただ、伝説的に修飾されているとしても、現地でははっきりとした現実の話であり、現存した人物であることは間違いない。リョサは、それに肉付けし、悪漢小説の主人公めいた粉飾をほどこしたのである(それはすでに「トゥシーア」にほどこされたものだが)。

犯罪者、密売買人、盗賊、インディオの略奪行為の使嗾《しそう》者、嗜虐趣味者、ハーレムの主。トゥシーア=フシーアに着せられた悪名は、日本人としてはちょっと耐え難いところもあるが、これがペルーの下層社会に生きる「日本人」の一つのモデルであることは否定できない。日系移民の〝負け組〟が、みんな犯罪者となり、盗賊となって投獄されたり、あげくの果てに窮死したりしたということを言いたいわけではないが、こうしたフシーア=トゥシーアのような人物がいたことも、事実であって、アルベルト・フジモリを〝勝ち組〟としたら、〝負け組〟の象徴的な人物としてトゥシーア=フシーアがいるということを、日系移民の子孫の〝光〟と〝影〟としてとらえておきたいと思うのである。

ただし、アルベルト・フジモリが大統領を追われたのち、訴追され、日本に亡命し、帰国して投獄された—フシーアのように—という後日譚を考えれば、フジモリも完全な〝勝ち組〟といえないかもしれない。大統領選でフジモリに負けたリョサが、ノーベル文学賞を受賞し、国際的文豪の栄誉を手にしているのと対比すれば、〝勝ち負け〟というのは、単純に言えるものではないという真実に気付かされる。

5. 〝負け組〟の起源

大統領から最貧困層の犯罪者まで、ペルーの日系人の〝勝ち組〟と〝負け組〟の落差は激しい。前述の通り、ペルー移民の嚆矢は、日本郵船会社の「佐倉丸」で横浜港を出立してペルーへやってきた七百九十人の日本人移民だった。彼らは森岡商会という移民斡旋会社によって結成された移民団で、ペルーの甘藷耕地、あるいは製糖工場で四年間働き、一か月二ポンド十シリングに相当するペルー貨を報酬として得るという契約だった。

佐倉丸はペルーのカリャオ港に入港し、移民たちは十二か所の耕地に送られたが、そこで日本で聞かされていた契約や事情とまったく違っていることがすぐに判明した。言葉の行き違いや感情の縺れなども確かにあっただろうが、ペルーで大金を握って日本の故郷に錦を飾って帰るという彼らの希望は、雲散霧消せざるをえなかった。

彼らの一部は農園から逃亡し、アンデスの高峰をよじ登って越えボリビアへ、ブラジルへと向かった。このアンデス越えは、大変な苦難と困難を伴う冒険行で、専門的な登山家が〝挑戦〟するような山脈を、何の装備もなしに越えてゆくことは、まさに命を賭けた必死の旅路だったのだ。

その当時、アマゾン地帯は空前の天然ゴムのブームに沸いていた。このため、ペルーから日本人移民が、ゴム・ブームを目指してやってきて、ボリビアに住み着いた。彼らは、景気の動向で、ペルー、ボリビア、ブラジル、チリなどを行き来し、現地で日系人の子孫を増やしていった。それらの人々は、根を持たない浮浪の労務者階層として、各国の社会の底辺層に下積みの庶民として生き延びてゆかなければならなかったのである。

これが、南米の日系移民の〝負け組〟の起源といえるものだ。いわば、日系〝棄民〟の成れの果てといったところだろう。南米の日本人移民史のなかでもっとも長く、厚みを持つペルーは、〝棄民史〟においても、その光と影を濃く保っているのである。

6. 〝サンチャゴに雨は降らない〟

私たちの調査団の五つめの国であるチリには、アルゼンチンから入った。ブエノスアイレスのエセイサ空港からアンデスの山脈をひと飛びして、サンチャゴのアルトゥーロ・メリメ・ベニテス国際空港に着いたのである。

アルゼンチン側から見た、大草原の向こうのアンデスの山脈とは違って、アンデスの高峰が、すぐ目の前に見えるような空港の景観である。

サンチャゴはブエノスアイレスに似て、南米の都市のなかではヨーロッパの都市に近い美しい近代的な街だった。ここで、前出の映画『サンチャゴに雨が降る』で描かれたような、正当な選挙に勝利して、民主主義的に選ばれた左派の元大統領によって指導された社会主義政権を転覆させるための反動的で、血生臭いクーデターが起こったことなど信じられないほどの静かな佇まいだった。

一九七三年九月十一日（〝9・11〟といえば、南米ではこの事件を指す）、民主的な自由選挙によって人民連合の候補者からチリの第二十九代大統領として選ばれたサルバドール・アジェンデが執務する大統領官邸のモデナ宮殿を、ピノチェト将軍の指揮する陸海空軍と警察軍が襲撃した。米国の諜報組織・謀略組織のＣＩＡを後ろ盾とした（当時の米国のキッシンジャー国務長官も絡んでいたといわれる）クーデター攻撃だった。銅鉱山の国有化に反撥する米国資本などの度重なる米国勢力の干渉に圧迫され、トラック協会のストライキなどで、経済政策に失敗したと見られるアジェンデ政権の弱体化を見越した武装攻撃だった。

大統領官邸に立て籠もった政権側の大統領警備隊（と市民たち）は、大統領自らも銃を手に取って勇敢に戦ったが、圧倒的な火器や軍事力を持ったクーデター軍に追い詰められ、大統領府は陥落、大統領は死亡（最終的に、キューバのカストロから贈られたという銃で、自殺したと伝えられる）し、クーデター軍が宮殿を制圧した。民主主義的に選挙で成立した正当な政権を、強力な軍事力で押し潰した、きわめて反動的で強圧な反革命だった。

私たちはどこよりも先に、サンチャゴの中心部にあるモデナ宮殿を訪ねた。ちょうど何かの行事があったようで、石畳の路上には、凛々しい騎馬兵士たちが宮殿前の広場や道路を埋めていた。私は城壁に残った激しい銃撃戦の跡をモデナ宮殿の石壁に見つけようとしたのだが、宮殿のそばにはなかなか近付くことができなかった。騎馬隊や鼓笛隊のパレードの隊列と、それを見物する人混み

サンチャゴの騎馬隊

が遮っているのだ。宮殿前にアジェンデの銅像があったが、ピノチェトの軍事政権の系統を引き継ぐその後のチリの政権によって、〝アジェンデの時代〟は現在までも暗黙のタブーとされているようだった（アジェンデ政権の誕生から終焉まではパトリシオ・グスマン監督によってドキュメンタリー映画『チリの闘い』（一九七六〜七八）として記録されているが、私は未見である）。

ミーハー的だが、私はモスクワでゲバラの顔をプリントしたTシャツを買った（それは、赤の広場の露店で売っていた。それを着て、モスクワの街を歩いた）ことがあったが、サンチャゴではアジェンデの顔を描いたTシャツなどを記念品として手に入れたかったが、叶わなかった。やはり、アジェンデのことは、タブーに近いのだろうか。ただ、入手できたとしても、ゲバラのベレー帽をかぶった髭もじゃの肖像は誰でも知っているが、アジェンデの顔を知っている人は少ないだろう（私はチェコのカフカ博物館で、フランツ・カフカの顔がプリントされたTシャツを買って日本で着ていたが、みんなからそれは誰と聞かれた。私が思っているほど、カフカも知られていないのだなと思わざるをえなかった）。もっとも、私だって、銅像を見ても碑刻された名前を見なければアジェンデとは分からなかったのだが。

〝サンチャゴに雨が降る〟というのは、政権側が武装銃撃にそなえて、武器を執って立ち上がれ、と檄を飛ばす合言葉だった。ラジオ放送されるその言葉が、次々と市民の間で伝達され、人々は自分たちの大統領を守るために大統領府に駆け込むということになっていたのだ。元来、砂漠のような乾燥した海岸線が続くチリの太平洋側は乾燥地帯であり、あまり雨は降らない。乾季にはなおさらだ。しかし、左右両派の激突の銃撃戦では弾丸の雨と、血の雨とが、サンチャゴの市街に降りしきったのである。

その後、大統領となったピノチェトの軍事政権は、アジェンデ派の市民、知識人、学生、労働者を弾圧し、秘密裏に処刑した。数万人に及ぶといわれた白色テロの嵐が吹き荒れることになる。その被害者の一人として、ノーベル文学賞を受賞したパブロ・ネルーダ（一九〇四〜一九七三）がいる。

共産党員だったこともあるネルーダは、アジェンデの盟友であると同時に国民詩人としてチリの人々（いや、ラテンアメリカのスペイン語を使う人々）に大きな影響力を持っていた。軍事政権はそれを嫌ったのである。重病で、病院へ運ばれる途中のネルーダを、軍が引きずり出して射殺したとも伝えられる。

今でも、ネルーダはチリの市民たちに敬愛されている。私たちは、翌サンチャゴから百キロほど離れた、太平洋に面したバ

ネルーダ邸から見た太平洋

ルパライソにあるイスラ・ネグラのネルーダ博物館に行くことにした。最晩年のネルーダが住んだ家が博物館となって、観光名所となっているのだ（チリでは、ネルーダの住んでいた三か所の家が記念館になっているという）。

駐車場で車を降りてネルーダの家に行くまで、多くの人が同じ方向へ行くのをややいぶかしく思った。いくら国民詩人とはいっても、文学者の記念館にこんなに大勢の人が詰めかけるというのが、日本の文学（者）記念館などを訪ねたことのある私には、異常なほど思われたのだ。だが、やはりこれらの人々は、細長く、海岸の丘に伸びた詩人の博物館の見学客だった。

ネルーダ邸の猫

ネルーダの収集した数々の不思議なオブジェたちと、コロニアル様式の邸宅。太平洋を見下ろす居間は、カフェとなって、ビールやコーヒーを飲む見物客で混雑していた。私たちはしばらく待ってからテーブルに案内され、冷たいチリのビールを堪能した。

邸宅部分の、白い欄干のある二階のテラスを、一匹の猫が歩いていた。黒と白の混じった柔らかそうな毛並みをした猫が、立ち入りを禁止された二階や階段を悠々と散歩しているようだ。

私は、〝ネルーダの猫〟だ、と一瞬そう思った。

だが、ネルーダが飼っていたとしたら、その猫が今に至るまで生きているはずがない。しかし、私にとっては、その猫は、詩人が可愛がり、背中や腹や尻尾を撫でてさすってやった飼い猫にほかならなかったのだ。

私は高校生時代から愛読していた、〃きこりよ、めざめよ〃の詩人の家の猫を見て、満足していた。太平洋の海鳴りの聞こえるこの家で、ネルーダが猫といっしょに晩年を穏やかに過ごしていたのではないかと、思った。それが詩人の最期にふさわしかった。アジェンデのような悲劇的な死は、私はネルーダに迎えてほしくなかったのだ。それが現実とは真逆のものであったとしても。

7. サンチャゴの魚市場

地図で見れば分かるように、チリは南北に細長い国土を持っている。南端は南極に近いパタゴニア地方で、氷河や氷雪の荒野で一年中蔽われている（私たちは、アルゼンチン側のパタゴニアで、氷河の氷が湖に崩れ落ちる、壮大な光景を見た）。北端はペルーに接し、東は背骨のように連なったアンデス山脈に遮られ、西側は太平洋の波が、全長四千三百キロメートルの細長い海岸線を洗っている（砂浜というより砂漠のような海岸が、延々と続いている）。

山と海とに挟まれて、耕地面積は狭小だ。だから、農業はあまり盛んではない。その代わり、水産業は活発だ。日本列島とはちょうど太平洋を挟んで対蹠点にある。地球を半周する以上の距離があるのに、日本とチリでは漁獲される水産物がよく似ている。鮭鱒漁業は、日本のスーパーマーケットでもチリ産のサーモンが売られているほど豊富な資源に恵まれているし（ただし、日本の水産業者が一九七〇年代にチリに持ち込んだ養殖のサケが多い）、アジやマイワシ、カタクチイワシなどの日本の食卓でもお馴染みの魚種が漁獲され、日本との合弁会社や商社を通じて日本へ輸入されている。

だから、チリの日本人といえば、他の南米諸国とはちょっと違って、合弁会社として養殖場や加工工場に派遣された水産会社の駐在員や商社の水産物バイヤーなどのビジネスマンとその家族といったニューカマーの滞在者が多く、オールドカマーの農業移民はほんどいない。バルパライソの日系人協会のような組織はあっても（参照しようと開いてみた、協会の開設したホームページはすべてスペイン語で、日本語はなかった。このことが、チリの日系人の状況を示していると思われる）、日本（系）人の移民村は形成されなかった。

もともと銅を中心とした鉱業が主要な産業であるチリでは、北部の牧畜業、中部地域で、小麦粉や果樹栽培（チリ産ワインが近年、日本に輸入されている）が行われている程度で（南部は寒冷すぎて農業に向かない）、農業そのものに従事する人間が少ないのだ。当然、わざわざ海外から農業移民を要請する必要性はない。せいぜい、ブラジルから逃亡してきた日本人移民が、不法移民となって、鉱山労働者として就労するぐらいだったが、第二次世界大戦中は、やはり日本人排斥政策のためにその鉱夫としての日本人の多くは鉱山を追われ、サンチャゴやバルパライソなどの都市に流入し、理容業、会社員、小売商店などの自由業、サービス業に就いた日本人（日系人）はチリ人社会に溶け込み、その多くは都会の中間層として定着している。もちろん、日系人のコミュニティーなどは形成されるはずがないのである。

私たちは、ジェトロの駐在員に、在チリの日本人についての話をうかがったのだが、古い日系人はほとんどいなくて、日系人向けの日本語教育や日本文化の伝達といった活動はないという。チリ人化した日系人を中心に、外国文化としての日本文化を紹介する活動がなされているという。お茶（茶道）に、お花（華道）、柔道や剣道、空手や相撲の演武などのスポーツ、折り紙や着物の着付け、日本料理の講習などのありきたりのメニューだ。

サンチャゴの魚市場

私たちはサンチャゴ市内を見物することにして、ダウンタウンにある水産市場に行くことにした。どこの国や町での魚市場でも同じように、魚貝類と海の臭いがした。ゴム合羽や前掛け、ゴム長靴を着けた仲卸商人が盛んに声を掛けてくる。「ウニ、ウニ！」と日本語で言っているようだ。見ると、日本では見たことのないような大きさと色合いのウニが、たくさん魚棚や水槽を埋めている。おそらく、日本人の滞在客や観光客が日本では高価でなかなか味わえないウニをここで買い求めてゆくのだろう。ただ、ホテル住まいで、調理道具もなく、調理法も知らない私にとっては、安くて、特大のウニであっても、買い漁ってもしようがない。手にとってみて、そのトゲトゲの痛さにひゃっと声をあげるだけだ。

日本の潮風の臭いといわれるものは、浜辺に打ちあげられる海草の腐った臭いだと聞いたことがある。そういえば、ヨーロッパやラテンアメリカの海では、そんな、いわゆる磯の香りはしなかった。コンブやワカメやノリやテングサなどの海草（海藻）が豊富に採れ、それを食べる文化の発達した日本と他の地域とは、海の臭いが違っているのも無理はないのかもしれない。潮の香りは同じであっても。サンチャゴの魚市場を見物しながら、そんなことを考えた。

その夜の夕食として、私たちは現地駐在の日本人に連れられ、本格的な日本式の海鮮料理のレストラン（食堂）へ行き、チリの水産物を摂ることにした。私は丼のご飯が見えないほどにウニを山盛りにしたウニ丼を食べてすっかり満足した。イクラ丼も、ヒラメの刺身も、握り寿司も、焼き鮭のアラカルトも、私たち調査団を大いに満足させたのである。

チリと日本とは、チリ沖地震津波が、三陸海岸を襲ったように、海をはるかに隔てているが、一衣帯水ともいえる。しかし、人的交流ということをいえば、それははるかに遠い国といわざるをえない。私たち調査団にとってそのことを認識した以外に、これといった成果のなかったことを実感したチリの短い旅だったのである。

第四章

パラグアイの〝小さな日本国〟

1. パラグアイってどこ？

南米を実際に訪問するまで、パラグアイとウルグアイの区別がつかなかった。地図を見ても、広々とした大ブラジルや、細長いチリや、チリとアンデス山脈で区切られているアルゼンチン、広く海に面しているコロンビアやエクアドルやベネズエラは分かるのだが、南米では比較的小国であるパラグアイとウルグアイは、地図上の位置関係がはっきりしなかった（多くの日本人がそうではないだろうか？）。

もちろん、この両国がどんな国かは、まったくイメージするところがなかった。ブエノスアイレスから、広々としたラプラタ川を大型フェリーで渡ったマルドナード港には海岸線かと思われる川岸散歩道があった。アルゼンチンからウルグアイへは、南米でも、飛行機に乗らずに隣国（の首都というべきか）に行けるのだなと、変な感心をしただけである。

首都モンテビデオのメルカード（市場）での、名物の、大きなカマドで牛肉の塊を炙り、塩を振り、焼くという豪快な調理法のステーキが安くて、うまいというのが、私の唯一のウルグアイの印象である。

この時のウルグアイ行は、アルゼンチンからブラジルに渡ろうとして、ビザが必要となり（南米では唯一、ブラジルだけが日本人に入国ビザの取得を要求する）、在ブエノスアイレスのブラジル領事館ではラチがあかず（日本の取り引き銀行から預金証明書をもらって提出しろという無理難題を言われ――手持ちのドル貨や、クレジットのゴールドカードを見せてもダメだった）、モンテビデオのブラジル領事館なら比較的簡単にビザが入手できると聞いたからだ（その通り、簡単に入手できた）。

ウルグアイのマルドナード

ウルグアイには、本来、立ち寄る計画はなかったのだが、そんなことからウルグアイへの駆け足旅行が実現したのである。モンテビデオに一泊しただけの、まったくの小旅行だったが。

ウルグアイにも、日系移民はいる。一九〇八年に神戸や京都からモンテビデオに入った日本人がいて、花卉栽培などの農業に携わった。二〇〇〇年代で総数約三千四百人の日系人がいる。南米諸国のなかでは、比較的日系移民に寛大な国柄であり、農業国家ウルグアイの農業の基底の一部をなしている。

パラグアイは、ウルグアイよりも、もっと既存のイメージが希薄だった。ブエノスアイレスからの飛行機で降り立った時、その国の主都がアスンシオンという名前で、グアラニー（ガラニー）というのが貨幣単位であり、それは先住民族のグアラニー族に由来し、パラグアイではその言語のグアラニー語が、スペイン語と並んで、「国語」となっていることも初めて知った。

南半球の八月は冬だが、八月というだけで私にとっては、暑い。アスンシオンも、例外ではなく、日射しは強く、舗装道路には陽炎が揺れ立つように感じられた。アスンシオンの街は、一国の首都というよりは、地方の小都市といった感じで、メインのストリートといっても、ダウンタウンの賑わいや、あまり華やかさを感じることはできなかった。落ちついた、ヨーロッパの小都市という感じだ。

その首都から、長距離バスで五時間ほど行った所に、日本人が移住したイグアス移住地がある。ブラジルとアルゼンチンとパラグアイ三国の国境地帯がイグアス地域で、世界的に有名な〝イグアスの滝〟があるところだ。まさに〝三国一の名勝〟である。

だが、観光地としては、ブラジル側、アルゼンチン側から滝を展望できるが、パラグアイ側からは滝を展望できる場所はない。それで、世界的な観光地とはなっていないのだが、「イグアス」という地名は、ラプラタ川の上流のこのパラグアイの地帯に拠るのである。

2. 最初の移住地ラ・コルメナ

このパラグアイに日本人が移住してきたのは、戦前のことであり、一九三六（昭和十一）年に、首都アスンシオンから百四十キロメートルほど離れたラ・コルメナ移住地に、ブラジルなどから日系移民、百二十三家族、計七百九十人が転住してきた。これがパラグアイの日本人移民の嚆矢である。主に蔬菜類、雑穀、ブドウ、果樹などの栽培を行った。その後、一九七〇年に戦後移民が到着し、日本人移住地としてパラグアイでは、もっとも有名なコロニアとなった。

次に、一九五三年にチャベス移住地が開かれ、続いてフラム移住地にラ・コルメナから八家族が移り、翌年に六家族が移って、フラム移住地の基礎を築いた。油桐、柑橘類、マテ茶などの栽培を試みた。

またチャベス移住地では、これまでパラグアイの農業にはなかった養蚕業があった。蚕の食糧となる桑の木を植え、桑の葉を食べさせた蚕から繭を採り、絹糸としたのである。養蚕業のためにパラグアイ絹糸工業株式会社も設立されて、繭から絹糸を取り、絹織物を生産できるようになった。しかし、この養蚕業は一九八〇年代まで細々と続けられたが、化学繊維の普及などで停止された。

一九五六～五八年にはアマンバイ移住地が成立した。これは、もともと米国人が経営していたのコーヒー農園に、百二十八家族が契約農家としてブラジルから移住したものの、条件などが契約と異なり、採算が合わずに撤退した農家が多かったのだが、それでもそこに残った六十家族がコーヒー栽培を中心に移住地として運営することになったのだ。

一九五八年には日本海外移住振興会社が買収した広大な土地に二千家族が入って、アルトパラナ移住地を作り、そして一九六〇（昭和三十五）年にイグアス移住地の八万七千七百六十三ヘクタールに二千家族が移住しても農業を始めた。ここには、チャベス、フラム移住地から十四家族が移住している。雑穀主体の畑作農業と、広い牧草地を利用した養畜主体の牧畜業が目指され、肉牛の肥育、改良、繁殖、販売が行われた。その他に、養豚、養鶏も試みられ、パラグアイにおける大型の牧畜農業のハシリである。

つまり、ラ・コルメナ移住地をはじめとして、チャベス、フラム、アマンバイ、アルトパラナ、イグアスなどの六か所に分散して、パラグアイの日本人移民たちは住みついたのである。

日本人のこうした戦後移民は、ドミニカ、ボリビアと同じように、戦後日本の人口減少策による海外移民が推奨された時期のものだ。島国で土地が狭隘なドミニカ、コーヒー農園などの農業労働者としての移民であって、土地を自前のものとできなかったブラジル、無償で五十ヘクタールの土地が貰えるボリビアなどに、それぞれにメリットとリスクを感じずにはいられなかった日本人移民が、安価ながら、有償で土地を入手するというパラグアイの方が、信頼性が高いと見込んだことに拠るのである（この移民政策には、当時のアルフレッド・ストロエスネル大統領（一九一二〜二〇〇六）の政権の親日的な外交体制が大きく影響していた。ただしこの大統領は南米の指導者によくいるような軍人あがりの独裁者として君臨した。晩年は故国を追われ、ブラジルで客死した）。

土地は確かに広大で安かったが、原始林のままだった。南米での農業開発は　どこでも同じだったが、まず鬱蒼たる原始林の伐採から始まる。移住者たちは、収容所と呼ばれる掘っ立て小屋で寝起きして、自分たちの家を作る分の土地を開き、それから農耕地を切り開く。大樹の根や、倒れた木がそのままになっている空き地に火入れをして、その焼き畑に草木の灰を肥料として、日本から持ってきた陸稲の種を播いたのである。

開墾は、大樹の根は容易に掘り起こすことはできず、樹木やそれに絡みつく蔓植物のために大きな困難を強いられたが、ドミニカなどとは違って、土地は肥沃だった。いわゆるテッサ・ローサ（赤土）で、大地を耕さなくても（不耕でも）植えた作物は、育ちすぎるほど育ったのである。

しかし、病虫害もあり、野生の鳥獣の格好の餌ともなって（食害）、必ずしも最初から満足のいく収穫があったわけでもなく、また、米や果実や蔬菜などを収穫しても、その流通経路や販路がパラグアイには、なかった。売れない農作物は、作っても仕方がない。自分の家庭で消費するだけでは、営農資金や日本から借りてきた移住資金の返済のための現金収入が見込めないのである。

次に掲げるのは、フラム移住地に住む中学三年生（当時）の岡南茂君の「僕の考えるパラグァイ国」という題名の作文である。（『パラグァイと日本』一九七三年）

僕が両親に連れられてパラグァイ国に移住したのは、ちょうど1960年の8月頃だと思う。その頃の僕は幼かったし、何のために……また、どこへ行くのかも考えず、ただ、無邪気に両親についてきたようなものである。

しかし、両親がどういう理由でこのパラグァイ国に移住したのか、大きなった今、やっと解ったのである。

たとえば、僕の両親に限らず、家にいづらいとか、人口密度のために暮しが成り立たないので、仕方なしに移住したのだ。ただ、異国への憧れだけではなかったのだ。

移住者達は、最初な原始林を切り開き、そして、少しずつ田畑に変えて行き、作物を作り、暮しを立て、暑い時も寒い時も区別なしに朝早くから夜遅くまで汗水流して働き、また、ある者、いやみんなだ！　スペイン語が不自由なために身振り手振りで使用人を使い、もう12年目、やっと今日の落ち着いた生活を築いたのである。

しかし、パラグァイ国にはまださまざまな問題があると思う。

例をあげてみると、特に、農作物の値段が非常に安い。たとえば「ツング」はキロ当り2G／Sするかしないか。「とうもろこし」3G／Sくらい。今日は珍しく値段の上ったのが大豆くらいなものである。それに比べてインフレーションしつつある。この状態では農業経営者達に大きな経済的影響を及ぼすのではないだろうか。

それというのも、工場が少く、このパラグァイ国で生産できるものが最も少い。そのために、外国から機械類、カンヅメ類、薬品、電気製品など、いろいろ輸入しなければならない。したがって、農産物や材木など輸出し、国の経済を補わなければならないのである。

そこで、外国の良い技術や考えを取り入れ、もっと工業の方面に力を入れればいっそう発展するのではないか。

後の問題として、道路、電気、教育などではないだろうか。道路はほとんどアスファルトでないため、雨が降ると危険だから交通禁止になる。まことに不便だ。早く良い道路にしてほしいものである。

僕としても電気を待ち望んでいるのだが、田舎はまだまだ見通しが暗いようだ。もうダムができているのに……。

教育に対し、日本人は別として、パラグァイ人、特に田舎の者はほとんど学校に行かない。それが最も進歩しすぎても困る……。というのは、母国日本のように、住宅難、交通ラッシュ、スモッグこれでは進歩の意味がないのではないか。そういうことのないように、共に考え、また協力しあい、豊かで平和になることを僕は考えているのであります。

パラグアイでは、日系人、日本人は農業移民が中心だが、生産物の加工、輸送、販売には、工業や食品加工業、輸送業、商業の発達が必要だったことは、岡南君の作文の通りである（「ツング」は油桐、「ダム」は後述するイタイプダム）。

一九五七年にフラム移住地に父母や兄たちといっしょに十二歳で入植した松田猛は、『ひたすら生きよ　死んではならぬ――もう一人の「タケシ」南米ジャングル開拓物語』（コスモ21、二〇一四年十一月）で、まさに未踏のジャングルと闘い、矢折れ弾尽きて、開拓を断念してアルゼンチンやブラジルへ再移住していった家族の物語を綴っている。比較的条件が良かったかのように伝えられるパラグアイ移民だが、病気やケガや飢餓や貧窮などで、常に「死」と隣り合わせにいた過酷な開拓の現情は、他の南米諸国とも大きな変わりはなかったのである。

ラ・コルメナ移住の初期の移民の一人に笠松尚一（一九一〇～二〇〇二）がいて、彼が一九五七年に設立した個人商店としての笠松商工株式会社は、農業機械や農機具や、農薬、肥料などの輸入や、木材や民芸品の輸出などで成長した貿易会社で、笠松氏はパラグアイ日系人のなかでは特筆されるべき貢献者（ラ・コルメナ市長、パラグアイ日本人連合会会長などを歴任）だが、こうした分野での成功者はパラグアイのなかでもそれほど多くはない。

笠松尚一には、娘である笠松・エミリア・ユミ氏（在日パラグアイ大使の妻として日本に滞在したこともある）がいて、国やアスンシオン市の重職に就いており、パラグアイ・ペンクラブの会長でもあった。私たちは、彼女から日系移民のことや、パラグアイの文学状況のことを、「パラグアイ日本人づくりセンター」のなかでいろいろとうかがうことができた（そこで日系人の子どもたちの歌や踊り、寸劇などを見物した——ちょうど日系人の記念フェスティバルが開催されていたのだ）。

笠松氏の場合は例外として、基本的に、日本人は商業にはあまり向いていないようである。逆に、現代の韓国人は商売に長けているといわれる。パラグアイの日系人の間に伝わる、近年の韓国人の商売のやり方を聞いた。

彼らはカバン一つを持って飛行機から降りてきて、言葉（スペイン語）を話さずに、道ばたにカバン一つの商品を並べて、商売を始める。そして売れる商品を見つけると、それと同じものを売る店先で、商売を始める。もちろん、少し安目にして。やがて、彼は稼いだ金で軒先を借りた母屋の店を買い取り、それを繁盛させてから転売して、多額の金を手にしてアメリカ合衆国へ移ってしまうというのだ（パラグアイは、米国へ渡る踏み台だったのである）。

誇張された話には違いないだろうが、韓国人の商売のやり方を揶揄的に表現していて面白い。最初は農業移民として移住してきた韓国人も、ほとんど定着せずに、すぐにパラグアイを立ち去り、別の国に移って行く。いったんパラグアイに移民として入国したら、米国に渡るのは比較的容易なのだ。三十万人の韓国人がパラグアイに入国したのに対して、現地には三千人ほどしか残っていないといわれる由縁である。

3. イグアス移住地

イグアス移住地は、首都アスンシオンから、四十一キロメートルのところにある。アススシオンから高速バスがあるが、バス・ターミナルや停留所があるわけではなく、「〇〇キロ」という、首都アスンシオンのスタート地点からの距離が、いわば停留所だ。

そこにイグアス移住地で、ホテルとレストランを経営しているSさんが迎えに来てくれていた。彼は、最初からパラグアイに来たのではなく、日本から家族とともにブラジルに入り、いろいろな曲折があって、最終的にパラグアイに再移住したという来歴の人だった。直接的に日本からパラグアイに戦後移住した人の他に、ドミニカやボリビアなどからの再移住した人たち、ブラジルやアルゼンチンから居住地を移した人など、移住のルートはさまざまなようだ。

イグアス移住地の特徴は、まさに「日本人村」というパラグアイ社会とは隔絶した別天地のようなところだということだ。もちろん、これは特にイグアス移住地に限ったことかもしれないが、そこに「小日本」の理想郷を作ろうとしたのだといっても過言ではない。移住地の中心にある「日本語学校」に行ってみた。

その校舎の佇まいや、校庭や教室の作り方は、まさに「昭和時代」の日本の小学校の佇まいとそっくりであり、私は、私の小学生にまるでタイムスリップしたかのような感じに襲われたのである。「イグアス日本語学校」という石碑も、鉄棒や校庭を囲む金網も、教室のなかの本棚も、教員室の机の上の書類や黒板、スチール製のロッカーも、わざわざ日本からそのまま持って来たのではないかと思われるほど〝懐かしい〟ものだったのである。校庭の隅に、薪の束を背負って本を読む、二宮金次郎の銅像がないことがいぶかしいほどだ。

ここでは「日本語教育」ではなく、まさに「国語教育」が行われている。日系人というより、「日本人」はここに日本そのままの〝小さな日本〟を作りあげたのだ。村の中心にある共同組合の経営するスーパーマーケットは、日本の町の各所にある、街角のやや小型のスーパーを思わせるもので、店の構えも、商品の品ぞろえも、店員さんの応対の様子までも（日本語でやりとりできる）日本とまったく変わるところがない。

とりわけ、このイグアス日本村の主要農産物の一つが大豆であることから、味噌、醤油、豆腐、納豆など大豆生産品は地元製造のものであり、パラグアイだけではなく、ペルーやブラジル、アルゼンチンといった南米各国の日系人社会向けに輸出しているという。地産地消ではなく、れっきとした貿易産品なのである。

お昼ごはんに、国道沿いの食堂に入ったのだが、丼物やご飯ものはもちろん、うどん、ラーメンの麺（メニューも日本語）も、すべて現地産の米、小麦粉によるもので、野菜も、水産物も、地元のものでなければ、近隣のアルゼンチン、ペルーからの輸入もので、南米産だけでまったく日本と同様の食生活を送ることができる。

村の中心部にある農業協同組合で、組合長さんに話を聞くことにした。移民二世の人だが、日本語は完璧である。日本語教育ではなく、「国語」教育をこの地で受けたのである。経済的にも、経営的にもこの村は、パラグアイの他の地域から独立して営まれている。産業の基本は農業で、特に大豆が主要な産物となっている。

もともと、大豆は南米にはなかった作物で、日本人が持ち込んできたものだ。最初はなかなかうまくいかなかったようだが、粘り強い栽培方法の改良によって、ようやく成功したのである。ただし、これは地元産の味噌や醤油などの原料として使われているが、日本へは輸出されていないという。日本の商社の買い付け条件は厳しく、粒の大小の相違や、まじりもののないことなど、品質の保全が厳しくて、難しいという。その点、中国は大量に買付け、粒の大小、品質のムラにもあまりこだわらず、輸出しやすいという。日本もこうした規制を緩やかにしないと、大豆を輸入することができなくなるかもしれないと、組合長さんは危ぶむのだ（後述するが、これには遺伝子組換え作物に対する問題もありそうだ）。

大豆や小麦、稲作などの農業のほか、養鶏や牧畜のほか、組合では砕石工場を持っている（砕石は、河川のダム工事の現場で使われる）。これがある程度の収入を確保しているので、組合としては経済的に安定している状態だという。移住地としては、こじんまりとしているが、成功した部類に入るだろう。

農協スーパーの前に、「不耕起農法発祥の碑」というのがあった。現在、パラグアイの輸出金額において第一位となっている輸出農産物である大豆の生産（世界では第六位、南米では第四位）は、この「不耕起農法」が取り入れられることによって、飛躍的に伸展したのだという。これは文字通り、畑の土を耕やさないことで、土壌の流出を防ぎ、収穫をあげる農法だという。

一九八四年に深見伸明が、集中豪雨で土壌が流失した畑を見て、考案したもので、イグアス地域から始まり、またたくうちにパラグアイ全土（ブラジル、アルゼンチンにも）に広まったのである。

この不耕起農法によって、大豆の生産量が飛躍的に上昇した。日本よりやや大きいだけ面積のパラグアイで、広大な隣国ブラジルにもひけをとらないような収穫量を誇るのは、「不耕起農法発祥の碑」にレリーフの肖像が残されている日系移民の深見氏の功績によるものなのである。

ただし、パラグアイ、ブラジルの生産する大豆が、いわゆる遺伝子組換えの大豆であることは言っておかなければならない。アメリカの化学製品のメーカー、というよりグローバルな農業化学工業、産業の大企業であるモンサント社などの多国籍な農薬や肥料の企業であり、種苗メーカーの開発した遺伝子組換え大豆は、収穫量の増大や病虫害の強さのために、世界中で作付け面積を拡大させ、またたくうちにシェアを独占することとなった。

日本では納豆、味噌・醤油、豆腐（厚揚げ、高野豆腐も）、豆乳、モヤシ、枝豆、きな粉、甘納豆などの大豆製品など、直接的に人間の口に入る大豆食品が多いせいか、非遺伝子組換えの国産大豆の流通が中心だが（大豆加工品の原材料としてはかなりの程度流通していると思われる）、大豆粕《かす》としての家畜の飼料や、大豆油の搾油などは輸入ものの大豆が大幅にシェアを増加させている（九割以上）。

イグアス日本村からは、特別に非遺伝子組換えの大豆が生産され、日本向けに輸出されており、その大豆で製造された豆腐が、東日本大震災の被災地に緊急輸出されたことがあったという。

私たち一行は、日本人村からはややはずれたところにある、日本人経営のペンションに宿泊したのだが、そこでの朝食はご飯に味噌汁、鮭の切り身（チリ産だろう）に、ネギを入れた納豆とタクアンの漬物という、日本式旅館の朝食とまったく変わるところのないもので、南米入りして何日目かになり、日本食が恋しくなっていた私には、とても嬉しいものだったのである（納豆の苦手な同行のM氏の分まで、私がもらって食べた）。

建物のまわりは大豆、小麦などの畑で（大豆と小麦を輪作するのである）、延々と地平の果てまで広がっているように見えた。三百六十度、ぐるりと見渡しても畑ばかりである。朝の、やや冷え込んだ（パラグアイでは、昼夜の温度差が激しい。早朝には霜の降りる日もある）、爽やかな大気を吸いながら、家の近所を散歩すると、パラグアイの大地に生きるという実感がしたものだった。

4. 日本人村の創設者たち

イグアスの日本村の創設者ともいえる人たちへのインタビューをまとめた『すさまじいまでの生きざまを学ぶ　大地に刻む・いのちを刻む』という本のコピーをもらった。アスンシオンにある日系ジャーナル社から出版されたもので、川上宏という人が、七人のイグアス村の長老といえる人々から聞き書きしたものだ。

ブラジルからパラグアイに転住したキリスト教会の牧師さんは、伝道のかたわら、医療活動、日本語教育を含めた教育活動に精力的に携わった。

日本の小さな農村の農家から、大型機械農業の夢に導かれて、パラグアイにやってきた農業青年は、トマトの栽培で成功したものの、現地人の強盗に父親を殺され、母親が負傷するといった事件に巻き込まれながらも、パラグアイでの農業を諦めなかった。度重なる事故で、片足を失いながら、大豆の不耕起栽培に成功し、大豆産業を現在のようなパラグアイの主要な輸出産業にまで育て上げた功労者となったのである。

ニューギニアの戦場で、かろうじて生き残った兵士だった復員兵は、北海道や九州で開拓に従事し、大自然のなかでの酪農に夢を抱いて、パラグアイにやって来た。何百頭もの牛を飼う大牧場主となった今も、「自分は幸せになってはいけないのだ。自分だけ幸せになったら戦友に申し訳ない」という原罪感を抱きながら、〝本当の農業が出来る国〟を求めての彷徨と努力。「もういいよ」という、戦友たちの声が聞こえたような気がしたのだという。

東京農業大の拓殖の夢をそのまま実行するために南米に移住し、仲間たちといっしょに農場を開いて、野菜、トマト、メロンなどの栽培に成功し、パラグアイの農民と消費者に野菜を普及させる端緒となった日本人農民の草分け的な農業者もいる。

四国の高知県の物部村という小さな村の村長を若くして体験した若者は、過疎化する母村から分村的なパラグアイへの移住の旗を振り、自ら先頭に立って移住団とともにパラグアイへやって来た。新物部村の建設は叶わなかったけれど、イグアス日本人村は、見事に建設されたのである。

北海道の寒村から、家族といっしょにブラジルに入植した一家の幼い娘は、ブラジルの渡航の船のなかで幼稚園に入るような幼さだったけれど、父母や兄弟のブラジル、そしてパラグアイの農業開拓の苦難や国難は具体的に体験していた。戦中の日本人の排斥運動も経験し、日系人移民の苦労の歴史を身をもって知っている世代なのだ。そのなかで、日本では体験することのない、虫害のすさまじさについて語っている。

入植した翌年九月にばったの群れが飛んできて以来、数回ばったの被害を受けました。

とりわけ一九四六年八月のばったの大群の、そのすごさと言ったら空が見えなくなる位でしたよ。地面も見えなくなってそこに足を踏み入れると、一斉にばったが飛び立ちます。すると周りが一切見えなくなるのです。それほどの大群ですから、被害も大変です。その年は十月にも飛んできて、この時大雨ふり出し飛べなくなってしまい、そのうち産卵が始まり、終わってようやく飛んでいきましたが、十一月から幼虫が出て、これを退治するのも大変でした。畑からいなくなったので蒔き付けたところに、原野で大きくなったばったが水の流れのように押し寄せて来るのです。どうすることもできなくて、せっかく生育中の作物をすっかり食べられてしまいました。ざわーっと音がするのは、ばったが作物を食べている音です。夜バシッと音がします。それはばったの音で木が折れる音なのです。普通は一時間か長くて二時間ぐらいで飛び立っていくのですが。その後は一物も残っていません。

これが数回ありました。何とかしようと対策をいろいろ考えました。しかし有効な手は見つからず、手をこまねいているだけというのは正直な話です。一番ひどかったときは、ばったの大群の幅が四キロメートル、長さが三五キロメートルもあったということを後で聞きました。

そのあとも少しでしたが飛んできて驚かされたのですが、B・H・Cという強力な薬ができて、さすがのばったも壊滅させることができましたが、とにかくびっくりするやら、大変なことでした。

北海道の開拓村では想像もできない昆虫群の害に、手をこまねくだけの日本人の開拓農民の驚きと落胆ぶりが素朴でありながら、生き生きと描写されている。北杜夫の『輝ける碧き空の下で』でも、虫害の激しさについて描写されているが（これはブラジルの開拓地）、未経験の災厄に遭った開拓民の驚きと絶望は生半可なものではなかったのである。

三度、夫となった男と死に別れ、産んだ子どもは十五人、孫は三十人という〝肝っ玉母さん〟そのものの女性もいる。

こうした人々が、イグアス村の、そしてパラグアイの日本人村の根っことなり、縁の下の力持ちとなって、現在の「日本人村」が形成されたのである。そういう意味では、これらの人々は、創造神話の始祖神に当たる人々であり、偉大なるグランドマザーにほかならない存在だ。

5. 伊藤勇雄の残したもの

そうした開拓神話中の人物の一人に、伊藤勇雄（一八九八〜一九九六）がいる。宮澤賢治（一八九六〜一九三三）の農民芸術論や、武者小路実篤（一八八五〜一九七六）の「新しき村」の思想的な影響を受けた伊藤勇雄は、もともとウオット・ホイットマン（一八一九〜一八九二）やレフ・トルストイ（一八二八〜一九一〇）などから感化を受けた宗教的詩人であると同時に社会的実践家であり、開拓農民、社会的な教育者として業績も多く持つ人物だった。

詩人であり、宗教家であり、農民の文化的指導者であり、文学者であり、岩手県出身者であるということから、宮澤賢治に近い人物と思われがちだが、本人は、その詩や童話の文学的業績はともかく、結局は農民芸術や農民文化を鼓吹したとしても、実践的な農業の社会的活動はしていなかったということで、賢治にはやや批判的な眼を持っていたようだ。ただし、その宗教性や文学性に、他の日本の文学者に比べて共通性があることは、本人の言葉がどうであれ、後進の人間としては認めざるをえないところだろう。

一九六八（昭和四十三）年、伊藤勇雄は満六十八歳という年齢の時に、パラグアイへの開拓移住を思いつき、一族を説得して移住に至ったのである。一般的な年齢感覚からいえば、移民として見知らぬ天地に往くというのは、十年、いや二、三十年は遅い時期での大勇断といえる決心だろう（無謀ともいえる）。

もちろん、家族や親族の反対もあり、伊藤勇雄のパラグアイ行が、平坦に進行したものではない。岩手県の外山高原という寒冷開拓地に入植して、ようやく目鼻がついた程度という、まだ開拓の成果を上げきっていなかった長男や次男の家族は、両親のパラグアイ行には同行しなかった。生活基盤がすでに作り上げられていたからだ。そのため、彼に同行したのは、三男と三女の夫妻と、五男と六男、そして長男夫婦の長子の七人である。入植地には勇雄夫妻と五男と六男と孫、三男夫婦と三女夫婦の三家族として居住した。

パラグアイへの移住の動機は、いくつかのものが考えられるが、その一つには、彼がインドを旅行した時、世界の食糧問題の深刻化を痛感し、パラグアイが食糧生産基地として大きな可能性を持っており、そこで大規模な農業を実践することによって、食糧危機には対処するという考えに至ったからだという。

大規模の農業を振興し、そこで働くと同時に学ぶといった学園を中心とした理想郷（人類文化学と呼ばれる）を作るという彼の思想家としての生涯の夢をパラグアイという新天地で実行しようとしたのである。本人が否定していたとはいえ、これが宮澤賢治の農民芸術論や、武者実篤の「新しき村」の理念と重なるものであることは明らかだろう。農本主義的な社会主義のコミューンといってもよい（伊藤勇雄は、社会党の村会議員、県会議員だったこともある）。

しかし、今から見れば、伊藤勇雄をこうした空想的社会主義的な行動は、私には、黒澤明（一九一〇〜一九九八）監督の映画『生きものの記録』（一九五五年）の主人公である中小企業の鋳物工場主（三船敏郎（一九二〇〜一九九七）が、老《ふ》け役を演じた）に重なって見えてくる。

鋳物工場の経営者である中島喜一は、原水爆の恐怖に囚われ、工場を閉鎖し、全財産を投げ打って、原水爆の放射能の影響のない南米（ブラジルが目的地）に移住しようとする。もちろん妻をはじめ、息子や娘の夫婦たちはこぞって反対し、喜一を準禁治産者として家庭裁判所に訴えを起こすのである。

天が崩れ、落ちてくることを憂えることを杞憂というが、必ずしも杞憂ではない恐怖にとり憑かれた人間の、その狂気とも思える真実性を黒澤明監督は、白黒フィルムの映像として描き出してみせたのである。

一方が原子力時代の原水爆の恐怖から、一方は世界的な食糧危機に備えるためという理想的な動機は違っていても、日本から南米への移住という目的では違いはないように思える。つまり、それはこれまで語ってきたような戦前の一般的な移民のように、経済的な困窮やそこからの脱出という外的な社会状況から導き出されてきた結論（移民ということではなく、あくまでの個人的な理念や感情から胚胎してきたものといえるのである。もちろん、戦前の満洲移民や南米移民（ブラジル、ペルーなどの早期の移民）にも、「狭い日本にゃ住み飽きた」といった、飛翔の雄志、壮図に基づいたものでもあったことはしばしば触れて来たが、伊藤勇雄一家がパラグアイ移住を敢行した一九六八（昭和四十三）年は、日本の高度成長経済が成功して、経済大国と目されるようになった時代であり、経済規模の高度な地（先進国）から発展規模の低い地（後進国）へのいわゆる〝逆流〟の移民は、きわめて珍しいものとなっていたのだ（戦後移民、とりわけ一九六〇年代以降の移民は、極端に数が減っている）。

よほどの理念や希望や信念がなければ、当時の日本からパラグアイへ、しかも六十七歳という高齢で、家族を引き連れての移住ということに、普通踏み切れるものではないことは明らかだろう（年金生活で、生活費用が安く、住みよい外国に住むといった現在のシニア移民とはわけが違うのである）。

だから、伊藤勇雄の場合は、パラグアイ移民といっても決して一般化できるようなケースではないのだが、しかし、よく考えてみると、高橋是清をはじめとして、こうした〝理念先行型〟のような移民も、決してまったくなかったというわけでもなく、日本の移民史のもっとも底流に流れていた好奇心や冒険心の一つの象徴ともいえる事例だったともいえるのである。
伊藤勇雄は、パラグアイ移住の後、こんな詩を書いている。

私は齢六十九歳で南米の密林の中に移り住み、
徒手空拳、ジャングルに挑み、
切っても切っても伐りきれず、
焼いても焼いても焼き切れぬ木の枝や根に手を焼き、
物凄く繁茂する雑草に立ちむかい、
誰も手伝いするものもなく、
援助するものもなく、
孤独で人生の最後を終わろうとしている。

私の大言壮語したところのもの、新しい人類の文化、
新しい人間生活、
新しい未来の都市、
そして働きながら学ぶ若者達の学園、

それらは私の死とともにどうなるのか？
結局単なる夢に過ぎないのか？

けれども、けれども、
私は信じる。
真理が私にあれば、夢は決して消えてしまうことはないと。
即ち私の仕事は私の生死を越えて行く。

やがていつの日にか、
ここに学園は開かれ、若者たちは集ってくる。
世界の国々から人々はここに集る。
そして協同の自治学園は実現するであろう。
ここに未来の人類の都市のモデルがきづかれ、
そしてここに新しい文化が生まれるであろう。
新しい宗教によって基礎づけられた人間生活。
それはここから世界に広がる。
要するに人類の長い間求めてきた

楽園のモデルが開かれるであろう。
私はその事を信じて疑わない。
経済はおのずから目的の崇高なものにつけ加えられ。
金は物を創るのではない
偉大なる夢が金を生むのだ。
私は死を怖しいとは思わない。
死を越えて私は行くのだ。

「みずから慰めるもの」という詩だ。
伊藤勇雄の思想は、内村鑑三（一八六一〜一九三〇）や賀川豊彦（一八八八〜一九六〇）流のキリスト教に大正デモクラシー的な民本主義、トルストイやホイットマン風の文学的にヒューマニズム、農本主義的な社会改革思想、宮澤賢治や武者小路実篤的な理想主義と芸術主義といったものを混在させたものといってよいだろう。その意味では、明治末に生を受け一八九八（明治三十一）年九月十一日、岩手県東磐井郡薄衣村生まれ、大正期にその思想的、芸術的形成を行った典型的な〝大正人〟といってよかった。いわゆる大正生命思想、生命主義の申し子といってよい。

この世代の人間の特徴は、強烈な個我主義（個人主義）と社会主義的な実践思想、行動主義とのアマルガムだ。『名乗り出る者』という主著たる詩集は、四度にわたって改定・増補され、最終的には全詩集として刊行された。自分が自分らしく、生き通し、それが最終的には人類共通の夢となる。本人もいっているように、それは夢想家とも狂人とも、他者からは見られかねない。六十七歳でのパラグアイの開拓移住は、長男、次男からも狂気と見られかねなく、家長の彼に従ったのは年下の妻（三番目の妻）と、幼い五男、六男、そして長男の幼い孫、そして唯一の他人だった佐々木マキ子という二十三歳の伊藤勇雄の思想に唯一といってよい共鳴した若い娘だった（彼女は、伊藤勇雄夫婦の養女となって、パラグアイへ渡った）。

6. 夢は継承されたか

伊藤勇雄の妻や子どもたちは、入植した最初の入植地を離れているが、今も彼の親族が牧畜を中心とした農業に携わっている。その農場を見学させてもらうことになった。イグアス日本人村の端ともいえる近郊に広大な敷地を持ち、牛の放牧を行っている。パラグアイ人のカウボーイを雇い、馬を駆って朝夕に牛を集散させている光景は、まさに西部劇の舞台そのものの大草原だ。

トラクターや農業機械を収納している建物は、ちょっとした工場といった趣きで、故障の修理や部品替えは、自前でやらねばならず、そのための用具、道具も一揃え揃えた修理工場でもあるのだ。居住空間は、現在建て増しをしている最中で、梁にする太い丸太や、彫刻された欄間などがすでにパーツとして出来ていた。完成すれば、大きな和室を含んだ城廓風の建物となり、あたりに偉風を醸し出す建物となることは請け合いだ。

庭に張り出した、風通しのよいベランダで私たちは、ご主人と夫人との話を聞いた。伊藤勇雄の話も出て、彼の著書の『名乗り出る者』や、伊藤勇雄の評伝の単行本などを見せてもらった。

居家は伊藤勇雄が住んでいた頃と位置的にはあまり変わりなく、これ以外に子ども夫婦や雇い人の家や作物小屋や倉庫、牧舎やらが点在している。何しろ牧場が広大で、牛馬が何百頭やら何千頭やら、私の頭では、数字が追いきれない。一年一回、牛一頭を潰してカウ・ボーイたちとその家族たちに振る舞うとか、敷地の中には養魚池があるが、ワニがいて仔牛や羊などが引きずり込まれる事故があるといった、野性味の強い話ばかりが記憶に残っていて、面積や頭数や生産量などは頭に残っていないのである。

ただ、「人類文化学園」のような、働く者たちの協同の学び舎、教育機関といった理想は、実現されにくかったことは確かなようだった。何しろ自然状況が苛烈過ぎて、文化、教育に費やす余裕も余暇も、移住当時はまったくなかった。加えて、伊藤勇雄の身体的、精神的な衰弱も、移住以前からすれば、予想外のことだった。寒冷の地から亜熱帯近くの地に来たのに、彼には喘息が出て、苦しめた。当面の暮らしを立てることが、最大の努力と勤労を強いるもので、すでに高齢となっていた伊藤勇雄にとっては、その夢——人類文化学園——を創設するという理想を実現するためには、時間はそれほど残されていなかったのである。

だが、悔いはなかったようだ。大自然と触れ合い、樹木や動物に囲まれ、農業、牧畜の活動を自分たちの手で実行するということは、まさに伊藤勇雄の生涯の夢を確かに生かすものだったからだ。地平線まで続くような畑と牧草地。日の出とともに働き、日の入りとともに休息する。そんな生活こそが、彼にとって理想的であったことは確かであり、まさにそうした暮らしを伊藤勇雄は晩年に実現したのである。パラグアイの大地に挑むドン・キホーテとしての伊藤勇雄の夢は、別の形となってその子孫たちに残されていると思わざるをえない。

ただ、牧童、カウボーイとしてもパラグアイ人の雇い人たちの境遇がどうであろうかということが私の気にかかった。ボリビアのサンファンでも感じたのだが、豪勢な日本人農場主たちの邸宅に比べ、現地人の彼らの居家は貧しかった。石造りや木造の小屋をめぐらした石塀に万国旗のように洗濯物を吊るして干していた衣装も、決して立派なものではなかった。イグアスの日本人たちの整理された居家と比べ、カウボーイたちの家は、小屋といってよく、豊かさとは距離があった。もちろん、平均的なパラグアイ人の衣食住のレベルからどうなのかは、分からないのだが、少なくても日本人移民の成功者と比べると格段の差があるように思われる。

そういえば、イグアスの日本人村から、伊藤勇雄の切り開いた農場、牧場に行く間に、広大な林があった。それは、ある日本企業の所有地だと聞いて驚いた。日本企業がそんな土地を買い占めて、いったいどうするつもりなのだろうか。牧場経営といったことを計画しているとのことだったが、そうした大資本の進出に、何か納得のゆかないものを感じたことは、嘘や誇張ではないのである。

7. イタイプダムとエステ市

パラグアイの首都アスンシオンから二百八十キロほど離れた、第二の都市エステ（シウダー・デル・エステ）に行くことにした。「イグアス日本人村」からは、隣町といっていいほどの近さの地である（といっても、四十キロほどある）。

その前に、パラグアイとブラジルの国境にあるパラナ川に架かる、堤頂の長さが七・七キロメートルに及ぶ世界最大級の水力発電ダム、イタイプダムを見学することにした（このダムの下流に、世界的名所のイグアスの滝がある）。

パラグアイとブラジルが共同出資し、管理も両国が共同で行っているこのダムは、発電量千四百万キロワット（パラグアイとブラジルで全発電力を折半することになっている）で、中国の三峡ダムに次いで世界第二位（建設当時は第一位）の発電量を誇っている。もっとも、パラグアイ側は、全国で消費する電力の百パーセントを賄ってもまだ余り、折半した発電の電力は、パラグアイが自国の分を多くブラジル側に売電しているという（ブラジルの電力の二十パーセントをこのダムが賄っている）。

私たちは、水門堰のあるパラグアイ側からダムを望んだのだが、その日は湖水の放流はなく、水路のコンクリートの広い底は乾いていて、奔流の凄まじさは見ることができなかったが、ダムの高さ百九十六メートル、長さ千四百メートル、ダム湖の貯水量二百九十億トンという、大規模な国際プロジェクトによる成果のその全容を一望することはできた。

パラグアイ側とブラジル側とではダムの構造が少し違っていて、パラグアイ側は三つの大きな水路からの水流で発電しており、ブラジルがは大きく湾曲したコンクリート壁に二十ほどの貯水槽があり、貯水量を調節している。

一九八四年に発電を開始したこのダムの工事は、当然のことながら、周辺の地方の経済を潤した。建設工事現場にたくさんの車両や労働者が動員され、超大型の発電機二十台をはじめとして、莫大な資材や機械類、建設工事の従事者のための宿舎や交通機関、生活物資、消費財など総コスト九十億ドルといわれ、このコストの何割かがパラグアイの周辺の地域（エステ市など）を、お金で、文字通り潤したのである。

ただし、ダム湖の周辺にあって水没した地域から四万人もの人々が居住地から立ち退かねばならなかったことも記憶しておかなければならないだろう。その大半は、先住民のグアラニー族と考えられるのである。

文明が未開を押しつぶすという構図は、ラテンアメリカの諸国や諸地域において、止むことなく進展し続けているのである。それはまた欧米流の大資本と、現地の自給自足的な経済体制との所詮は〝戦い〟にもならない〝戦い〟の結果にほかならない。

エステ市は、このイタイプダム建設の経済的波及のためか、首都アスンシオンより、むしろ繁栄しているように思えた。商業都市、消費都市として発展し、ブラジルとの国境地帯にあるということもあって、物資の流通や輸送も盛んで、交易都市としての賑わいもあるようだ。

まったく日本の農村といってよい「イグアス日本人村」からすれば、エステ市に住む日本人家族は点在して、都会生活に馴染んで暮らしているようだ。そのうちの一軒、自動車や農業機械のディラーをしながら、都市近郊の野菜専門の小規模な農業と、自宅兼カフェの経営をしているDさん一家にお邪魔した。

ご主人が北海道出身ということもあって、北海道生まれの私は、特に親しみを感じた。冷たい飲み物をご馳走になりながら、北海道の話で盛り上がったのである。南米ではどこも同郷出身者たちの県人会が盛んなのも、移住した異国の地では日本人というアイデンティティーより、都道府県単位の集まりの方が、帰属意識が高いからだろう。

イグアス日本人村では、村内を案内してくれた前組合長さんが、通り過ぎる一軒一軒の出身県を諳《そら》んじているのに、驚いた覚えがある。これが沖縄県人会になると出身の島ごとの、あるいは市町村単位のグループとなるようだ（もちろん、閉鎖的なものではないが）。

エステ市近辺に住む日本人は、第一次産業の農業から離れて、二次産業の工業、三次産業などの商業、サービス業に従事する割合が多そうだ。

D氏も、奥さんが副業的に始めた繊維関係の商売が当たって、車を三台持ち、本格的なおいしいコーヒー（南米だから、当たり前だが）やケーキなどを提供するカフェを、余裕を持って営んでいるといった境遇である。パラグアイ移民としては、成功者の部類に入る側だろう（もっとも、私たちが南米で聞き書きした日本人、日系人のほとんどは、成功者であったといってよかった――失敗者から話を聞く手立てはなかった)。

これは日本人ではなく、韓国人の例だが、やはり繊維業で大きく儲け、中型のスーパーマーケットや韓国料理のレントランを営む実業家となった人に話を聞く機会があった。最初は農業移民としてやって来たが、うまくゆかず、韓国人の居住者が増えたため、少資金で、韓国食品の卸の業務を始め、卸・小売の専門店を開き、その関係で、焼肉以外にも冷麵やマンドゥ(餃子)をメニューとする韓国レストランを何軒か経営するまでになったという。食材はコチュジャン(唐辛子味噌)やゴマ油のような調味料以外は、ほとんどパラグアイ産のもの(日本農場の豆腐や味噌や醬油)で済み、ボリビア人の富裕層にも韓国料理はかなり普及しているという。

これも余談だが、私たちが、ブラジル、アルゼンチン、ペルー、チリ、メキシコなどの南米各国を旅行した間に、一日に一食は韓国料理を食べていた。それだけ、南米には韓国料理店が多く、ポピュラーな食べ物となっていたのである(日本食レストランよりも多いかもしれない)。少なくとも私にはシュラスコのように南米の肉料理よりも、韓国風焼肉の方が嗜好に合った(私たちの調査旅行は、アルゼンチン、ペルー、パラグアイなどで、韓国人コミュニティーの人脈などに多大な世話になった。これもブエノスアイレスで衣料商社をやっている鄭《チョン》社長のご好意によるものである。ここに記して感謝の言葉としたい)。

8. 小さな祖国

日本人が書いた、パラグアイを舞台とした珍しい小説がある。『ぼくの小さな祖国』（徳間文庫）だ。胡桃沢耕史（一九二五〜一九九四）が書いたものである。その小説では南米の小国の大統領の側近である日系移民の末裔のロドリゲス大佐が、二派に別れた政治勢力の間でクーデター、革命騒ぎを通じて政治権力を握ってゆくという、一種の政治的な冒険小説の趣きを持っている。これは、パラグアイの歴史を踏まえて書かれたもので、パラグアイはもともと現在の三倍のほどの領土を持つ大国であった。ところが暴挙ともいえる戦争（一八六四年〜一八七〇年の、いわゆる三国同盟戦争――三国とはブラジル・アルゼンチン・ウルグアイで、パラグアイ一国で対戦し、パラグアイが完敗した）を引き起こしてブラジル、アルゼンチン、ウルグアイなど周りを取り囲む国々に戦争で、戦利品として多くの領土を奪われたのである。さらにボリビアとの間で、チャコ地域の領有をめぐってチャコ戦争（一九三二〜一九三八）を起こし、これはパラグアイの優勢で終わり、チャコ地方をパラグアイ領としたが、この戦いによって両国とも国力が疲弊し、クーデターが連続するなど、政治的不安定の歴史が長く続くこととなったのである（このボリビアとブラジルとの戦争の際に、軍用鉄道としてブラジルのノロエステ鉄道が建設された）。

領土だけではなく、壮年男性をも多く失い、女性ばかりの国になってしまったというのが、パラグアイの痛恨の戦争の歴史なのである。隣接した、近い国同士が争うということは、ありがちなことだが、ここまで国土が縮小するのは珍しいといわざるをえない。世界的な観光資源であるイグアスの滝も、ブラジルとアルゼンチンとに分割されてしまった（だから、現在ではイグアスの滝のパラグアイ領はごくわずかだ）。

この小説は、日本人の作家、胡桃沢耕史が、無謀な戦争をしたことによって、大日本帝国から〝小国日本国〟へと縮小した自国のことを、パラグアイに重ね合わせたものものかもしれない。大陸浪人風の感情を持った作家にとって、失地回復の野望は人ごとではなかったはずである。

いずれにしても、戦争によって苦労するのは国民、庶民であって、政治家や権力者が敗戦によって、苦難に会うのは自業自得であって、同情する余地もないものだが、ババを引くのはいつも一般的な庶民なのだ。

こうした小国パラグアイは極めて親日的である。というより、他国民に国を開いているということかもしれない。戦後、日本人移民を受け入れたのも、パラグアイであり、移民に対しての、あまり同化的な政策ではなく、移民たちのやりたいようにさせているといった具合だ。ナチスの思想的な影響を受けた特異なキリスト教のグループである「新ゲルマニア」を受け入れたのも、パラグアイであり、哲学者ニーチェの妹であるエリーザベト・ニーチェ（一八四六～一九三五）もその移民グループの一人としてパラグアイに入っている。

日本人移民では、アスンシオンから南東約三十キロのイタ市の近在にある、広島県福山出身の前原深（一九一三～一九五五）、弘道（一九三八～）親子による、前原農場（前原農商株式会社）が有名で、トマトの栽培農業から始め、それが成功したあとには、今度は養鶏業でも大成功となり（パラグアイ国内の鶏卵の七割を生産する）、さらに牧畜でも大きな成功を収めた。広大な領地ともいうべき土地に日本式のお城、前原城（御影城）を建築したことは話題となった。前原一族は金光教の教徒であり、それが精神的な支えとなり、また、パラグアイにやってきても日本的な精神を保させた要因であるといえる（南米には、天理教、金光教、創価学会など、日本の新興宗教の浸透が顕著である。もちろん、浄土真宗などの既成仏教の力も強く、日系人コミュティーには、多様な宗教が入り混じっている――もちろん、現地ではカトリックのキリスト教が中心である）。

養鶏業は、日本人移民が開発し、発展させた産業であり、パラグアイの農産業の発展に大きく寄与し、新鮮な鶏卵を供給するという意味において、パラグアイの食生活を改善させた分野である。パラグアイに限らず、蔬菜類、鶏卵、花卉は、日本人の農業移民が南米の農業に大きな変化をもたらしたものであり、牧畜と果実だといってよかった農業産業（それに自給自足的な原住民たちのイモ類やトウモロコシの畑作）に新しい展開を繰り広げさせたのだ。

もちろん、養鶏業には、大規模な鶏舎式の排卵による生産と、生鮮品としての消費地までの輸送や保存といった流通過程の整備が必要である。

前原農場は、まさにパラグアイでの日本人成功列伝のなかの代表的なものだろう。日本人男性ならば、誰もが夢見るような「一国一城」の主となった前原一族のパラグアイに賭けた夢は実現した。

それはパラグアイの産業、食生活の改善に多大な寄与をもたらした。それを認めることにやぶさかではないが、ただ一点、「人は石垣、人は城」といった観点だけは忘れてはならないと思う。パラグアイ人という「人」によって前原城は支えられているだ。伊藤勇雄の理想とした「人類文化学園」(これは夢だけに終わったが)と、岩山の上に三層四階の城廓としてそそり立つ前原城の勇壮さとは、パラグアイの青空の下、対照的なものであると私には思えて仕方がないのである。

第五章

コロンビアの日系人

1. 〝生きて帰れない〟都市・カリ

コロンビアをインターネットで検索していたら、世界の〝生きて帰れない〟危険な五都市というのがあった。一番目がホンジュラスのサン・ペドロ・スーラ（どんなところか、よく分からない）、三番目以降はメキシコのアカプルコ（『アカプルコの海』というエルビス・プレスリー主演の映画があったが、そんなに危険な街だったのか！）、イラクのバグダード（イスラム国のテロが盛んだったからか）などが挙げられているのだが、二番目に挙がっているのがコロンビアのサンチャゴ・デ・カリだった。

普通、カリと呼ばれるコロンビア共和国三番目の大都市（一番が首都ボゴタ、二番目はメデジン）である（これらの世界の危険都市は日々、更改されているようだが）。

コロンビアといえば、ただでさえコカイン密輸の麻薬マフィア、爆破闘争や暗殺・身代金要求の誘拐の左翼ゲリラの活動などで、世界でもっとも危険な国というイメージが強いが、その国のなかでも最も危険地帯であるのが、カリ市を中心とした内陸部なのである。
しかし、そこにコロンビアでは最も多数の日本人、日系人が住んでいて、コロンビアの農業や商工業に貢献しているということを、ほとんどの日本人は知らない。実は私も実際にカリに行くまではそうした事実を知らなかった（というより、カリという町のあることさえ知らなかった）のだから、偉そうな口をたたけるわけではないのだが。

カリの街角

世界で最も〝危険な都市〟（といわれる）に住む日本人（日系人）。しかし、その街や市外の農場を案内してくれたコロンビア日系人協会の方々は、穏やかで、危険性など微塵も感じさせない人々だったのである。近郊で大きく広い農場を営んでいるSさん、八十代でもまだまだ隠居せずに、毎日カリ市内の自宅から車で一時間ほどのサトウキビ畑やパパイヤの果樹園を見廻っているという。

歯科医のその息子さんは、東京に歯科医学のために留学した移民二世だが、高校生と小学生の二人の娘と、幼稚園児の息子を育てている。スペイン語のなかに、時々日本語の混じる彼女たちの会話の中味は、誕生日にお父さんに何を買って貰おうかといった、日本の子どもたちとまったく変わるところのない内容だ。ケータイだってパソコンだって持っている。ゲームもアニメも大好きだ。日本語の勉強は土曜日だけの数時間の日本語教室で学んでいるが、家庭ではおじいちゃんやお父さんと日本語で話しているから、会話にはほとんど問題ない。カリの大きなショッピング・モールのフード・コートで、Sさんのファミリーとランチを食べていると、そこが日本ではなく、コロンビアであることが信じられないほどなのだ。

もちろん、Sさん一族をはじめとしたコロンビアの日本人移民がそうした穏やかで、裕福な生活を送れるようになるまでは、他の南米諸国の日系人移民の苦労話、残酷物語と同様の苦難と苦労の歴史と物語があったことは間違いない。

だが、Sさんは、コロンビア移民は恵まれた方だったという。ドミニカやボリビアの入植者に較べると、コロンビアはまだマシだったという。その最初に、〝コロンビア移民の父〟と呼ばれる竹島雄三（一八九九〜一九七〇）にまつわる〝マリア〟伝説といったものがある。

2.〝マリア〟の熱と伝説

この〝マリア〟は、イエス・キリストを生んだ聖母マリアではなく、コロンビアの代表的な作家のホルヘ・イサークス（イサークス、イサックとも。一八三七〜一八九五）書いた小説『マリア』の主人公である。

ホルヘ・ルイス・ボルヘス（一八九九〜一九八六）やガルーシア・マルケスなどのラテンアメリカ文学の〝ブーム〟が世界中に沸き起こる遙か以前に、ラテンアメリカのスペイン語小説でベストセラーとなったのが、キューバ系コロンビア人のイサークスが書いた『マリア』だった。

小説の主人公は、作者自身をモデルとしたとおぼしき、大荘園のオーナーの息子であるエフラインで、両親や兄弟姉妹とともに平穏に暮らしていた。ある日、エフラインの従妹で、三歳のエステルという女の子が、養女として引き取られてきた。彼女の母親が亡くなり、父親がインドへ行ってしまうため、エフラインの父親が荘園に連れてきたのである。成長してマリアと名乗るようになった彼女と、エフラインは恋仲となるが、彼の親は二人を引き離すために、エフラインをロンドンへ留学させた。マリアは悲しみの余り、病弱だった身をさらに弱らせ、エフラインと会うことだけが、彼女の命を救うてだてとなるしかなかった。しかし、帰国を伝える手紙が彼女のところに届くのに時間がかかり、エフラインが到着する三日前に、マリアは絶命するのだった。

ボゴタで出版されたこの小説は、コロンビアにおける最初の小説といわれ、外国語（日本語も含む）にも多く翻訳され、世界中に知られることになる。南米の田園風景の中で育まれる清純な恋愛物語。小説の舞台となった、コンロンビアのバジェ平原の壮大さや自然の風景、植物の美しさと相まって、美しい自然のなかに、悲恋の相手を待ちながら、死の床に横たわる美少女への憧憬が、当時の若者たちの南米への夢を駆り立てたのである（私事をさしはさめば、私が最初に南米への憧れを抱いたのは、ウィリアム・ヘンリー・ハドソン（一八四一〜一九二二）の『はるかな国とおい昔』に描かれたパンパスの情景であり、『緑の館』のロマンだった。小学生の頃に読んだこれらの本を、私は南米が舞台となっていることをはっきりと認識せずに、愛読したのである）。

このロマン的な小説に感動した、当時、東京外国語大学の拓殖科（西班牙語専攻）に籍を置いていた竹島雄三が、コロンビアへの雄飛を企図し、同志を募って、日本人としての最初の移民を送り込んだというのである。

竹島雄三は、自ら『マリア』を翻訳して、母校の機関誌『新青年』（探偵小説誌とは別物）に掲載し、その〝コロンビア熱〟を、五人の青年同志に吹聴し、その五人は一九二九年に日本を出発、コロンビアに着いたといわれる。その後、竹島雄三は現地調査し、日本人の農業移民の適住地として、カウカ地域を選び出し、福岡県朝倉を母村とする福岡県人二十三家族が、コロンビア移民の始まりである。

こうしたコロンビア日本人移民の起源神話は、『コロンビア移住三十年史』から、『コロンビア移住五十年史』、さらに最新の『コロンビア移住七十年史』にも次々と踏襲されて、もはや確乎不動のものとなったようだが、やはり〝神話〟といわざるをえない。文学青年の一時の〝情熱〟で南米での移住開拓が可能となるほど安易なものではなく、竹島雄三が拓殖科で〝植民地開拓〟の理論と実践を学び、農業適地として現地調査をきちんと行っていることから見ても、文学青年の〝ロマンティシズム〟とは別個のリアルな現実直視があったと思われるからだ。思うに、竹島雄三の開拓移民に賭ける情熱や冷静な判断が先にあり、当時の南米への移住熱のなかでも、ブラジルやペルーではなく、コロンビアに目を向けるきっかけとなったのが、たまたま当時のベストセラー小説であった『マリア』だったということではないか。

竹島雄三がコロンビアへの移住熱を吹き込んだ相手に、島清がいて、開拓生活のなかでも、倉田百三（一八九一〜一九四三）の『出家とその弟子』や谷崎潤一郎（一八八六〜一九六五。ちなみに谷崎の妹の林伊勢は、一九二六年にブラジルに移民して、兄の思い出などをブラジルの日本語雑誌に発表した）などの文学を熱く語ったといわれる彼が、こうした竹島雄三の〝一面〟としての〝マリア熱〟や〝コロンビア熱〟を神話として作り上げていったと思われるのである（現在なら、ガルシア・マルケスの『百年の孤独』のような小説を読んで、コロンビア移民を決意するようなものだろうか——ちょっと違うようにも思うが）。

しかし、こうした〝コロンビア移民の父〟としての竹島雄三の、ある意味では観念的、理念的な〝移民開拓〟についての考え方は、コロンビアの日本人移民を、他のブラジルやペルー、ドミニカやボリビアへの移住民たちとはまた違った性格を持たせることになったのではないだろうか。

それは、一時の〝出稼ぎ〟的な移民ではなく、現地に同化し、植民として生きる定住志向の〝開拓移民〟ということだ。つまり、日本人としての特性や民族的伝統性を決して手放さず、現地に〝日本人村〟を作り上げてゆくという〝植民地主義〟に対して、竹島雄三は、現地コロンビアに溶け込むという一種の同化主義的な理念を説いたのである。

それは、移民一世たちの二世への日本語能力の継承や、現地における圧倒的な宗教であるカトリック教への帰依ということに表れている。現地に素早く溶け込むには、日本語を伝習させるより、スペイン語の取得のほうが重要であり、コンロビア社会の一員として存在するには、カトリック教への帰依が重要だったのである。

このことと現在のコロンビア移民社会での日本語学習の問題とを直結させることは、やや早計のそしりを免れないかもしれないが、二世、三世以降の日系人の子弟において、たとえばパラグアイやボリビアの「日本人村」の日本語学校と較べると、(日本語)学習者の大半がすでにコロンビア人(日系人ではない)となっているというカリの日本語学校(ひかり園)の現状を見ると、日本語継承に〝不熱心〟だったというコロンビア移民一世の〝スペイン語志向(これは南米のどこの移民社会でも当然ありうるのだが)の強さを感じざるをえないのである。

先に挙げた、カリ郊外のパルミラに大きな農場を営むSさんの家族は、コロンビア移民社会においては、決して一般的とはいえないかもしれない。南米移民の二世、三世社会においては日本語の継承は決して簡単なものではない。両親が日本人の家庭においても、意図的に(あるいは強制的に)日本語の会話を主としない限り、日本語能力の獲得は難しい。土曜日だけの課外授業としての日本語クラスだけでは、ネイティブな日本語能力はおろか、第二外国語程度の言語能力を得ることも、きわめて個人的なモチベーションの強さと努力によってでしか不可能なことなのである。

Sさんは、戦後の外務省の農業移民実習生としてのコロンビア派遣であり、そこでそのまま定着した一家である。その意味では、福岡県からの集団移住の二十三家族、次の二十五家族といった人々とはちょっと違ったところがあるのかもしれない。息子さんを日本へ留学させ、孫世代も留学などの国際経験を積ませようとしているのは、竹島雄三以来の現地コロンビアへの同化主義的傾向とは少し懸隔のあるものかもしれない。

3. 戦前の入植地「エグ・バグアル」

コロンビアへの日本人移民を具体的にたどっておこう。一九二六年に、海外移民を斡旋する日本企業の海外興業株式会社は、二人の社員を調査のためにコロンビアへ出張させた。その一人が前出の竹島雄三である。

彼はすでにコロンビアに滞在したことがあり、日本人移民計画を立案する上で必要な受け入れ国であるコロンビアの社会的、経済的、文化的な調査が目的だった。人種差別の強かったコロンビアでモンゴロイドとしての日本人がどう受け入れられるか。コロンビアの政治状況、移民政策の実情など、移民計画を立案する前に、調査しなければならなかったことは多かった(前にも述べたように、日本の外務省や海外移住協会も移民計画のための事前調査は行っていた。それが杜撰であり、実情と乖離したものであったことは、ドミニカ、ボリビアの章で詳述した)。

竹島雄三は、その〝コロンビア熱〟もあって、移民計画にはもとより積極的だったが、五十日間以上にわたって、カウカ渓谷、マグダレナ渓谷、メデリン、バランキーリャ、サンタ・マルタ、ボゴダなどの土地を訪れ、結果的にカウカ地域を移住計画の実施する候補地としてあげた。その際に、農業開発に投資する外部資金が必要であり、それでなければ、日本人移民は、ただコロンビア人のために働く小作労働者となってしまうことを主張し、資金供与の重要性を強調したのである。移民の側に寄り添った報告であったといえるだろう。

結局、外務省に承認され、第一次コロンビア移民として一九二九年秋に出立したのは、福岡県内から三家族、福島県から一家族、山口県から一家族の計五家族、二十二人だった。翌年には福岡県から五家族計三十三人が第二次移民として渡航した。ブラジルやペルーと比べるとその人気のなさは、移民計画に応募した家族が少なかったことに歴然としているが、コロンビアという国自体が、日本であまり知名度がなかったことが原因と思われる。

欧米人は、コロンビアを〝エル・ドラド（黄金郷）〟と称したが、日本ではコロンビアといえば、アメリカのレコード会社の名前（コロムビア・レコード。日本コロムビアもある）程度にしか認識されていなかったようだった。

コロンビアへの移民条件は、一家族に成人三名以上がいること、五十歳以下の既婚男女と十二歳以上の子供で構成されていること、四人以上の家族で千六百九十円以上の貯金があることだった。これは証明書の発行や写真、予防接種などの費用に充てられ、交通費、旅行期間の食費、入植後に必要とされる費用などがこれに加算されるわけで、日本で喰い詰めたからコロンビアへ、というわけにはゆかなかったのである。

海外興業株式会社は、竹島雄三を介して、百二十八ヘクタールの土地をカウカ県コリント市在の地主から購入し、入植一家族当たり七ヘクタールの土地を割り当てた。このほかに道路など共有地、栽培作物の試験農場などを日本人移民の共有地とした。「エグ・ハグアル」入植地である。

この移住地は、農業としての非適格性もそうだったが（豆の連作ができず、土地も狭小だった）、移民会社としての会社組織のシステムの非合理性から必ずしも移民側に有利なものではなかった。たとえば、移民たちの生産物は、海外興業株式会社の代理店に独占的に買い占められ（三年後に無償で土地を受け取ることになっていた）、他に売ることはできなかった。生産物だけでなく、消費物も管理事務所を通じてしか入手できず、生産物、消費物の双方で代理店の管理事務所に中間利益を支払うことになっていた。

第三次移民集団にいたっては、入植地の土地を有料で購入しなければならなかった。その原資として福岡県海外移住組合から九年ローンで金を借り、その支払いのために、各家族は厳しい経済状態に置かれたのである。

こうした状況のため、「エグ・ハグアル」入植地は、第二次世界大戦前に崩壊し、戦後すぐに移民たちは離散した。それらの土地は、地元の有力者がすべて買い取ったという。〃マリア〃の熱から始まった、戦前のコロンビアの移民計画は、こうして雲散霧消したのである。

4. 戦時中の受難

ペルーの章でも述べたことだが、第二次世界対戦中に日本人、日系人が「敵視」されたことは、コロンビアにおいてもその通りであった。日本軍による真珠湾攻撃以来、北米に倣って宣戦布告はしなかったものの、コロンビアは、日本、ドイツ、イタリアの枢軸国との国交を断絶した。外交員とその家族を、米国経由で帰国させ、日本との移民関係はもちろん、外交関係も途絶したのである。政府のこうした対応に応じて、日本人に対する嫌がらせとして敵意のある態度をコロンビア人は取るようになる。

日本人コミニュティーから離れて暮らしていた母子家庭の日本人の家に強盗が入り、家族を惨殺した事件などがあり、滑稽なのは宝くじに当たった日本人には当選金を支払わないといったケースもあったという（移民生活に失敗し、最後の希望として買った宝くじで支払いを拒否され、絶望した日本人は入水自殺をしたというのだから、滑稽などとはいっていられないのだが）。

こうした日本人弾圧の背景には、複雑な中南米の政治状況がある。パナマ地域はもともとコロンビアの領土であるパナマ州だったのだが、パナマ運河が完成してから、米国の関与、画策によってパナマ共和国として独立し（一九〇三年）、運河は長い間、運河一帯とともに米国の租借地として運営されていた（一九七七年にパナマに返還された）。このパナマ運河をコロンビアが取り戻そうとして、日本人のスパイを現地に派遣したり、日系人を入植させようと画策していると疑心暗鬼して、米国はコロンビア内の日本人移民を抑圧する政策をコロンビア政府に要請していたのである。日系人がトラクターを持って整地していることから、これが滑走路として転用され、パナマ運河攻略に使われるといった被害妄想的な言説もあった。

こうした被害をまともに受けたのが、パナマに住む日本人だった。人数としては少なかったが、現地で天野商会日本商社を開いていた天野芳太郎（一八九八〜一九八二）をはじめとして、日本人が住んでいたが（床屋が多かったという）、彼らは婦女子も含めてパナマ警察に逮捕され、劣悪な収容所に送られ、さらに北米へと運ばれた。米国と同時に。パナマも対日宣戦布告し、敵国人に対する待遇は過酷なものだったのだ。こうしたパナマの日本人の苦難の日々は、天野芳太郎の『わが囚われの記　第二大戦と中南米移民』（中公文庫）に詳細に描かれている（この手記は昭和十八年に刊行されていることから、日本の〝勝ち組〟的な意識で米国民の対日戦争意識の一面が描かれていて、興味深いものがある）。

天野氏は、のちにペルーのリマに、インカ、アンデスの文化遺産を収集した天野博物館を設立したことで有名で、若い日の中南米雄飛の憧れと夢は、どんな苦難を経ても、生涯変わることがなかったようだ。

戦争勃発を機に、コロンビアは日本と国交を断絶し、公使館勤務の外交官とその家族、日本人移民の一部を、米国経由で日本に帰国させる政策を取った。そのほか、民間人の個人資産を凍結したり、家宅捜査が行われたり、成人男子に対する面接調査を実行するなど、日本人に対する敵視政策が取られ、日本人移民の入植地を大西洋岸からもっと南の未開拓地域に移すなどの措置が取られ、戦前からの日本人移民のコミュニティーが崩壊したのも、こうしたコロンビア政府（米国の要請に応じた）の戦時中の弾圧政策に拠るものである。

5. 農場と盗賊

コロンビアといえば、反政府の武装勢力と政府軍との長い戦闘の期間があり、麻薬マフィアが強力な支配力を発揮している国という悪印象が近年まで強かった。ソアン・マヌエル・サントス大統領（一九五一～。二〇一六年ノーベル平和賞受賞）による左翼の反政府武装力（コロンビア革命軍）の非武装化と、国政参加という融和政策が実り、内戦ともいえるテロと反テロの戦闘は終息を迎えたとされるのが二〇一六年だが、誘拐、殺人、放火、掠奪といった武装勢力の行った犯罪を免罪しようというサントス大統領の方針は、国民投票によっていったんストップをかけられたことは記憶に新しい。内戦のような武装闘争が国民全体に与えた過去の被害の記憶や思い出を一掃し、忘却させるためには、まだまだ時期早尚といわざるをえないのだろう（結局、政府と反政府側との内戦状態はストップとなった）。

治安は、ずいぶん改善された。原油価格の高騰で隣国ベネズエラの経済状況が好転し、原住民出身の大統領によって隣国コロンビアに安い原油が供給されるなど、そうした原油景気の影響を受け、コンロビア経済も好調だった（これが、原油安ということから、また景気の悪化が、二〇一〇年代後半には語られるようになったが）。麻薬マフィアは、その根拠地を、もっと消費地のアメリカに近いメキシコに移し、メキシコ・シティをはじめ、メキシコの各都市が〝世界でもっとも危険な都市〟のランキングの上位を占めるようになった。相対的に、カリなどのコロンビアの都市は、その順位を落とした（喜ばしいことだが、単純に喜んでもいられない。麻薬マフィアが根絶されたわけではないからだ）。

だが、欧米先進国並み、日本や韓国などのアジアの先進国並みになったというわけにはいかない。先にあげた、日系人のSさん家族とショッピング・モールのフード・コートで昼食を取っている時にも、外で銃声が響いた。Sさんは、よくあることで、交通規制をしている警察官に、脅しに誰かが発砲しただけだと、落ち着いた様子だ。あわてて、外へ飛び出したりするほうが危ない。ここにいれば、安全だと、動揺する気配もなかった。銃を持ったガードマンが待機しているショッピング・モールは、警察官のいる街頭よりもよほど安全なのである。

Sさんの農場は、カリ郊外にある広大なもので、見渡す限りのサトウキビ畑と、Sさんが丹精している果樹や野菜の農園が広がっている。日本風の白菜や大根などの自家消費用の野菜と、バナナやパイナップル、パパイヤなどの果樹、そして趣味の園芸とでもいうべき竹林やコカの木（ここのコカの葉を齧らせてもらったが、別に何の味わいも感じなかった）などが、農場の一角を占めている。そこではコロンビア人の農場労務者が雇われ、大型のトラクターやトラック、コンバインなどの農業機械があり、稼働している。

これらの大型機械が、ある日（昼間である）、ごっそり、ギャングに奪われてしまった、とSさんは語った。日中に、数人でやってきた荒くれ男たちが、銃で労働者を脅す。農場側にも護身用の銃があるが、抵抗したり、反撃したりすれば、どんな大惨事になるかしれない。双方に大きな被害が出ることは間違いない。黙って、機械や道具や収穫物が掠奪されるのを見ているほかない。抵抗しなければ、人間に害は加えない。だから、そのように、労務者や、農場の管理人には言い聞かせているのだという。

「犯人たちは、大体、見当がつく。日系人の農場の事を快く思わない現地の人たちも多い。近隣の日本人の農園も何度か襲われている。下手に事を荒立てるよりは、ある程度の税金か何かのように考えて、黙認していくしかない」と、悟り切ったようにいうのである。

『コロンビア日本人移住七十年史』には、一九八〇～九〇年代の日系社会の事件簿として、Sさんの農場の近くにあるYさんの農場での強盗事件について記録している。それによると、数人の現地人が凶器を持って農場に侵入し、管理人を縛り上げた上、数時間にわたって農場内を物色、大型機械類の部品や道具類、テレビ、家具などを小型トラックに積み込んで略奪し、総額四百万ペソにも及ぶ被害を与えたという。

この強盗事件にはいくつかの不審な点が存在するという。警備用の番犬たちが騒いだ様子がなく、内側からしか開けることのできない扉の特殊装置の効果がなかったこと、管理人に縛り上げられた跡がないことなどだ。ただ、近所の住民は後難を怖れたためか、目撃証言などを得られることなく、事件の捜査はうやむやのまま終わってしまったという。

強盗未遂事件もあった。農場の労務者の給料を払うために、ジープで農場近くまで来た時、四人組の暴漢に襲われ、車内を物色されたが、現金は隠しておいたので、異変に気付いた農場の人たちが駆け付けてきて、犯人たちは逃亡したが、被害は免れたという。自動車やトラックなどが盗難に遭うことは多く、捜査願いを出しても解決せずに、犯人の逮捕はおろか、盗品の発見にはいたっていない。

そういえば、Sさんの農場の端にあるサトウキビ畑の一角が燃えて、焦げているところがあった。

パパイヤの収穫

「ああ、誰かが火を点けて燃えたのです。いやがらせでしょうね」とこともなげにいう。広い広い畑の一部にしかすぎないのだから、警察に届け出て、犯人探しなどすれば、面倒なもめごとになるだけ厄介なのである（コロンビアに限らず、中南米では警察に対する信頼度は低い。マフィアやヤクザ組織のほうが頼りになるなどという笑えない笑い話もある）。

農場からカリの町へ帰る途中、Sさんの息子さんが管理しているパパイヤ畑の収穫の作業をしているところに出会わせた。陽盛りに、帽子をかぶった、十人ほどの女性労務者たちが、木からパパイヤの実を捥ぎ、集めて、ビニールを敷いた地面に山のように盛りあがった果実を、通い籠に詰め、トラックで運んでゆくのは男性の労働者である。パパイヤの甘い香りと、ラジオから流れるラテンの音楽。働くことと、楽しむことがいっしょになったようなラテンアメリカの人々の生活。

しかし、そんな上辺の現状の観察だけでは、本当の生活はわからない。農場地帯に入る前の、国道からはずれた狭い農道の両脇に、現地の人たちの家が並んでいた。門もない粗末なレンガ造りの建物は、暑いためか、入口の扉を開けはなしにしたまま、レースのカーテンのようなもので目隠ししているだけだ。風が吹いてそれが巻き上がれば、暗い室内が見える。ほとんど家具のない部屋の中には、老人や子供がうずくまっていたり、白黒テレビのブラウン管の画面が、青白く光っているだけだ。

粗末な衣服が、洗濯ものとして、狭い庭に翻《ひるがえ》っている。つぎはぎだらけというわけではないが、擦り切れたような作業用の衣服や、やたらと派手な女性用の下着が目立つ。

カリの市内のショッピング・モールなどを見ているだけでは気付けない農村地帯の小作農、農業労務者たちの貧しさ。反政府の武装勢力や、麻薬マフィアの組織員を生みだす源が、こうした貧民層、下層民層にあることは明らかだろう。もちろん、大多数の農民や地方民が、そうした過激派や無法組織とは無関係であることは、きちんといっておかなければならないのだが。

6. ジャングル生活

カリでは、日本移民の草分けといえるような日本婦人から話を聞いた。それは、一人の日本人女性のライフ・ヒストリーとしても、とても興味深いものだった。長い間、日本人学校の日本語の先生をしていた女性で、今は移民生活の苦楽をともにしてきた夫に先立たれ、高齢でひとりで暮らしている。

日本人センターで、同年輩や、少し年下のリタイア組の人たちと、毎週、カラオケなどをするのを楽しみにしている。穏やかな生活を送っている上品な老婦人という見かけなのだが、その半生はまさに波乱万丈といってよいライフ・ヒストリーに彩られている。

彼女、Tさんは、新婚の夫とともに一九六〇年代にコロンビアにやって来た。コロンビアに来ることになってから、世界地図を見て、コロンビアがど

カリの物売り

のあたりにある国かを知ったというのだから、移住の前提となる知識はまったくなかったといってよかった。

移住のきっかけは、ある新聞の広告記事だったという。アメリカ人の実業家が、コンロビアで果樹栽培の農園を開こうとして、農園労働者を募集していた。そのアメリカ人も、果樹栽培（メロンを中心にしようと思っていたらしい）に経験や知識があるわけではなく、南米のバナナ農業の成功を見て、メロン栽培を思いついたらしい。労働者というより、実際の農業に詳しい人物を募集して、いっしょに農園を経営したいというような思惑だったらしい。

Tさんの夫も、特段にメロン栽培に携わっていたとか、農業に詳しいわけではなかったが、新天地としての南米で果樹栽培を一から始めるという壮図に共感したらしい。一片の新聞記事を基に、会社員生活をさらっと捨てて、新婚の妻を伴って、南米でも僻地といわれるコンロンビアの大密林の中に移住する決意を固めたのである（それまでの経緯については、もっともっと複雑な事情や精神的葛藤があったに違いないが、Tさんの口からは、まったく自然な出来事のようにすらすらと語られるのだった）。

来て、驚いたのは、本当に人煙を遥かに離れたジャングルの中で、道路もなければ、もちろん交通手段もなかった。人手でようやく切り開いた密林の中を進んで行き、そこに一から農園を建設しなければならなかった（農園の基礎は、アメリカ人が作っていたが）。まさに、冒険と探検の毎日が続いたのである。

素人考えの果樹栽培はなかなかうまくゆかなかった。温度と湿度に大きく影響されるメロン栽培は、初心者には難しいうえ、メロンそのものの出来は悪くなくても、高級輸入果物として消費地のアメリカ本土へ輸出する手段や販路がなかった。コロンビアでの地元消費は望めず（やはり需要や販路が問題である）。バナナやオレンジやパイナップルに切り替えようとしても、それらはすでに大資本のフルーツ会社が大規模な農園を経営し、世界中の生産ルートも消費ルートも一手に握っていて、新参者の入り込む余地はなかった。

何年かは農園は持ちこたえていたものの、アメリカ人の経営者は、失意のあまり手を引くことになり、アメリカへ帰ってしまった。その頃、蔬菜作りなどで何とか息をつけるようになったT夫妻は、そのまま施設や設備などの農園を丸ごと受け継ぎ、二人で原始林での生活を続けることとなった。夫は、ジャングルで狩りをし、川で魚釣りをして蛋白質を補い、Tさんは自家農園でキュウリやトマトや薬物野菜を育てて、食生活を充実させた。主食の米や小麦は、自給自足できないこともなかったが、換金作物の収入で周辺の町の市場（といっても一日がかりの仕事だ）で購入することが多かった。もっともてっとりばやい食料としての作物はトウモロコシだった。イモ類も多かった。

夫が森から小ザルを捕まえて来たことがあった。親に捨てられたのか、死なれたりしたのだろう。必死になって人間の体にしがみつくような子ザルは、夫婦のよきペットとなった。母親になったつもりで、Tさんは、その子ザルを可愛がったという。

近くといっても、何十キロも離れた森の中には、アマゾンの原始民族といわれた未開人たちの集落があったが、夫婦が付き合うのは、そんな隣人しかいなかったのである。おかげで文化人類学者のように、彼らの生活や文化を観察することができ、密林の中での原始的生活の知恵を学ぶことも少なくなかったという（日本人と、いわゆる未開のインディオたちとの関係は思いのほか近かったかもしれない。リョサの『緑の家』の「フシーア」のように、インディオの集団のなかに入り込んだ日本人もいたと思われるのである――記録はもちろん残されてはいないが）。

子どもが生まれたが、夫婦で取り上げ、育てた。ようやく周辺が少し開かれるようになり、カリの近在にも日本人が入植するようになった。それでも、夫婦はそれらの環境とは隔絶したところで暮らしていた。問題となったのは、子どもたちの教育である。野生児、自然児として育つには、もってこいの環境だが、日本人の子として、文明人として育てるには、あまりにも周囲が苛烈過ぎる。病気やケガなどの心配もある。

もう少し、文明的な環境を求めて、一家は都市に近いところに移住を決意した。ジャングルの開拓民として拓殖してから、十数年が過ぎていた。それでも、日本人が通うどころか、現地の子どもたちの通うような初等教育の場、学校はほとんどなかった。夫婦は、今度は自分たちの子どものための学校を、はじめから作っていかなければならなかったのである。Tさんが教師となり、教室を作って、遠距離の日本人入植者の子どもたちを教えたのである。Tさんが日本語教育の草分けというのも、こうした経緯からである。

今、日本人センターの老人クラブに集まる男女の中にも、Tさんから日本語を教わったという人が何人もいる。

今はカリの日本人センターの最長老としてのTさんは、「コロンビア日本人移民史」の生き字引であり、語り部としての役割を担っている。細身で、穏やかな風情のTさんの体のどこに原始のジャングルの中で生き抜くバイタリティーが潜んでいるのだろうか。日本人女性の芯の強さを象徴する人物なのである。

私はTさんの話を聞きながら、エドガー・ライス・バローズ（一八七五～一九五〇）の小説の主人公であるターザンや、ダニエル・デフォー（一六六〇～一七三一）の書いたロビンソン・クルーソーの冒険や探検のロマンや物語のイメージを思い浮かべていた。

ターザンの物語では、野生児ターザンは、ジェーンとの愛の巣を営むが、ジャングルのなかの夫婦二人だけの暮らしというのは、まさにターザン物語そのものだ（ターザンは、結果的にジェーンと別れるが）、ロビンソン・クルーソーは、絶海の孤島（と思われているが、実は大陸の大河の河口近くの島。カリブ海やチリの沖合の島が比定されている）に漂着した人物で、文明から遠く離れた場所で、生きてゆくことに必要な衣食住のすべてを自分一人の手で作り上げてゆくサバイバル生活の物語だ。

密林を切り開き、数少ない原始的な道具――斧や鋸や鍬やシャベルだけで木を伐り、家を建て、畑を耕してゆく生活は、ロビンソン・クルーソーの無人島での孤独な努力と苦闘に似たものであることは確かだろう。現代という時代の、現代日本人が経験した大自然との闘いのドキュメンタリー。私はTさんの話をそんな風に聞いていたのである。

終章

もう一つのラテンアメリカ文学

1. リベルタージ午前零時

中南米、すなわちラテンアメリカへの日本人移民のマジョリティーは、何といってもブラジルである。歴史的にも、その規模や重要性においても、日本人のラテンアメリカ移民を語る時に、ブラジルを置き去りにして語ることはできない。

もちろん、そのことは十分に承知しているつもりだが、あえてブラジルを脇に置いた形で、これまでドミニカ、ボリビア、ペルー、チリ、パラグアイ、コロンビアについて語ってきたのは、日本人移民の問題や歴史が、常にブラジル移民を中心に語られ、論じられてきたことへの、ささやかな不満の表明であるともいえる。

ブラジル移民について語られることが多いのに対して、その他の、特に小国（日本に較べれば国土的には十分に中・大国といえるのだが）とされる国への移民への関心はとても少ない。それらの問題や歴史や体験は、ブラジル移民の例によって代表され、収斂され、収束される。それは、移民史の長さや、その厖大な人数、さらに現在に至る日系人の活動や活躍のはなばなしさや重要性に鑑《かんが》みても当然といえることなのだけれど、その国の、民族としてのマイノリティーである日本人移民と、その末裔の日系人が、ブラジルという大国の国民ではないという理由で、等閑視されることは、やはりあってはならないことと思われたのである（誰も、等閑視なんかしていない。おまえの妄想だ、といわれるのかもしれないが）。

もっと正直にいえば、ブラジルの日本人移民の問題はあまりにも奥が深く、広範囲で、とうてい私の手に負えないというのが本当のところだ。日系の「移民文学」の調査、研究という題目を掲げた私たちのラテンアメリカ訪問だったが、ブラジル移民に関するだけでも、大袈裟にいわなくとも、万巻の書を読まなければならず、地元で発行、出版されていた新聞、雑誌にまで目を通そうとすれば、私の研究生活の一生をかけても完成しないだろう。サンパウロのリベルタージの日系人の移民博物館や、人文研究所に足を運んだだけで、私ははやばやとそうした諦観や絶望感をおぼえずにはいられなかったのである。

私たちは、ラテンアメリカ調査の入り口として、ブラジルのサンパウロに最初に入った。サンパウロは、南米でももっとも日系人人口の高い都市であり、とりわけサンパウロ市内のリベルタージは、日本人街として発展してきた。開拓に失敗した人も、成功した人も、サンパウロに出てきて、日系人社会を形作っていったのである。

現在は中国人、韓国人たちが多く進出してきていて、アジア人街として賑わっているが、メインの通りには、提灯型の街灯や赤い大鳥居や、赤く塗られた欄干の並んだ大阪橋や、そのほとりの小さな日本庭園などがあって、日本人街の趣を残しているが、日本食のレストランや食品店も、経営者は韓国人であったり、中国人であったりして、実質的に日本人の勢力は極度に弱まっていると聞いた。中国人グループは、資金と団結力にものをいわせて、オモテの世界とウラの世界を合わせて、そこを牛耳っているという話だった。

逆にいうと、日本人は集団的に一か所に住みつくという必然性を失ったともいえる。サンパウロやリオデジャネイロ、ブラジリアなどの大都市に普通のブラジル国民として居住しているのであって、移民初期のようにひとかたまりになって、その民族的存在を主張しなくてもよくなったといえるかもしれない。二世、三世どころか、四世、五世の時代になって、その民族的ルーツを忘れるのは当然のことかもしれない。

サンパウロの市内

ブラジルでは、サンパウロやリオデジャネイロ、それにアマゾン中流の港町であるマナウス（アマゾンに入植した日本人は結果的にこの町に多く集まった）を訪問しただけで、いわゆる日本人村のようなところは、訪れることができなかった。サンパウロやマナウスで出会った日本人は、ブラジルへのニューカマーとしての日本企業からの出張員や派遣員であって、ラテンアメリカでの生活体験には長短それぞれだが、いわゆる日系人移民の末裔ではない。三世、四世、五世などの日系人は、ほとんどブラジル現地人とのハーフやクォーターで、すっかり日本語を失っている世代だった。なかには、おじいさん、おばあさんの言葉である日本語を学校や個人で勉強して獲得している人もいるが、顔や姿はすっかりブラジル人なので、ちょっと奇妙に感じるほどなのである。

2. 〝デカセーギ〟の潮流

一九九〇年代に、ラテンアメリカのハポネス（ジャポネース）移民村の構成をがらっと変える出来事があった。日本本国への逆移民といえる〝デカセーギ〟の始まりである。

高度成長経済の極まりの結果、日本の社会では、工場労働者を中心に、いわゆる人手不足、労働者の不足化が語られ、外国人労働者の移入が必須の要求として、産業界を中心として高まった（バブル景気ともいわれた）。過剰人口を持て余して、海外移民を奨励してきた近代の日本国家としては、まさに未曾有の労働者不足だった。特に、「汚い、危険、きつい」の頭文字を取った3Kなどの建設・土木現場の労務者や、〝絶望工場〟と呼ばれた、自動車や機械工業のオートメーション化された工場での季節労務者などの従事者不足が極端に目立ってきたのである。

この時に考えられたのは、ラテンアメリカの日系人の労働者移入だった。日系人には、各国の国籍を持ちながら、日本人の国籍を持つ〝二重国籍〟者も少なくなく、日本語能力もあって、日本に親類・縁戚を持つ人々も多い。急場をしのぐ労働力移入としては、本来の「外国人」労働者移民をためらう保守的な日本政府にとっては、願ってもない移入対象だったのである。

一九九〇年に入国管理法が改正され、これまで日本国籍を保有していた日系人（日本人）のみ（とその配偶者）に出していた就労ビザを、日本国籍を持たない日系人にもその門戸を広げたのである。実際に、下層の労働現場には、フイリピン人、イラン人、バングラディッシュ人、パキスタン人などの不法移住民として労務者として働く人間は少なくなった。正式の労働ビザを持たない彼らは、不法滞在者として社会問題に発展する場合も少なくなかった。

その点、南米から日系人の場合は、合法化された条件で、家族といっしょに、〝デカセーギ〟、すなわち出稼ぎに日本へ来るというルートが出来上がっていたのである。

しかし、二世、三世といっても、配偶者はブラジル人の場合が多いし、その子どもたちも日本語を解しない、ブラジル語（ポルトガル語）だけを母語とする日系だけというだけで、まったくのブラジル人が多かった。日本の小中学校でも日本語ができないことでいじめられたり、疎外されることが多かった。子弟の教育のために、南米に帰還する場合もあり、日本に定着、定住するにも、地方公共団体やNPOなどの多大な貢献がなければ難しかった。日本政府は、場当たり的に外国人労働者に対して「就労ビザ」を与えたり、閉ざしたりして、今度は日本国内のなかに「棄民」を作り出すように移民政策を取り続けることになったのである（帰国費用を扶助して、南米への帰国を促す政策も取った）。定見もなく、計画性もなかったのは、戦前・戦後の移民政策と、ベクトルは逆だが、まったく同様の「棄民」政策なのだ。

二〇一八年の現在、入管法をさらに改変して、南米以外の外国からの実質的な労働移民を受け入れようとする政策が、十分な審議や検討もないままに導入されようとしている。〝移民〟という言葉を使わずに、本質を隠したまま進められようとしているこうした法改正は、人手不足の解消という弥縫策としても拙速なものであり、将来に大きな禍根を残すものであることは間違いないだろう。

この国はいつまでもこうした間違った「移民政策」を取り続けるのだろうか。

3. 「津軽」に集う人々

リベルタージの街の一角のビルに「津軽」という看板を掲げた居酒屋があった。私たちは、サンパウロを訪れた最初の日にこの店を見つけ、入ってみることにした。泊まっていた「ニッケイ（日系）・ホテル」に近く、酔って帰ってきても、途中の危険性は少ないと思ったからだ（この地域の夜間の通行は、危険視されている）。

「津軽」はその店名通り、青森県出身の日本人女性が切り盛りしている居酒屋だった。そのおカミさんが九十歳代ということに私は驚愕した。細身で穏やかな風貌だったが、とても、そんな年齢には見えなかったからだった。

お客さんは、ほとんど日系人二世と三世か、長期滞在の駐在員や会社員で、日本語がまったく不自由しない二世やニューカマーの人と、やや不自由な二世、三世以降の日系人がいた。話し言葉にはまったく不自由しないが、読み書きはできないという三世のインテリ女性もいた。家庭では日本語で話していたが、学校教育ではすべてブラジル語（＝ポルトガル語）で、日本語の読み書きの教育はどこでも受けたことがなかったのだ。

彼らは、毎晩のようにこの店に集まり、日本の歌謡曲のカラオケを歌ったり（ほとんど「昭和」のものである。もっと古いものもある）、世間話や仲間内の話をしたりして、過ごすのだという。農業移民の子孫であっても、今は親の代からサンパウロなどの都会に出てきて、親の世代は洗濯屋、仕立屋、大工、小売商店などの零細な商売に携わり、成功して中間層となり、その子弟に高等教育を受けさせ、その結果、三世以降は、医者や弁護士（判事や検事も）、大学教授や研究者や高級公務員、大企業の会社員など、社会的階層は一世や二世と比べるとかなりレベル・アップしているといってよい。

店は、ほとんど日本日本風の居酒屋と同じ感じで、細長いカウンターがあり、狭いテーブルがあり、別室のやはりかなり狭いカラオケ部屋があった。お酒は日本酒あり、キリン・ビールやアサヒ・ビールがあり、焼酎もある（韓国焼酎もあった）。ブラジルの火酒と呼ばれる酒「ピンガ」を試しに飲んでみると、少し甘みを感じるが、喉が焼け付くような強さだった。

「津軽」は、リベルタージの日系人たちの心のオアシスのような場所だが、近年、こうした日本式酒場が減少しているという。ホテルも、「ニッケイ・ホテル」があり（朝食は、納豆や味噌汁、お新香などの和食バイキングだった)、日本語新聞の「ニッケイ新聞」があった。ラーメン屋があり、日本食品のスーパーには、餅菓子や和菓子があり、海苔巻き、稲荷寿司やら弁当もあった。もちろん、みんな現地産である。しかし、そこにも辛《シン》ラーミョンなどの韓国食品も進出してきて、セウカン(えびせん)やチョコパイなどの韓国ロッテやヘテ(ロッテと並ぶ韓国の製菓会社)の商品が少なくなかったのである。

リベルタージ=日本人街だったが、中国人、韓国人の進出が激しく、日本式のラーメン店の経営者も、日本語を話す中国人だった。日系人の元の経営者から店をそのまま買い取ったのだという。そうしたホテル、バー、レストラン、商店が多くなり、働いているのも、新規に移住してきたニューカマーの中国人の若者が多かった。中国マフィアの浸透も激しく、中国人同士の抗争や犯罪も増えているという。リベルタージも、日本人街という看板をはずし、東洋人街としての看板の塗り替えが行なわれているのである。

「津軽」の店の頑丈なドアには、覗き窓が付いていた。おカミさんに聞くと、前はそのままドアを開けて客が入っていたが、数年前、拳銃を持った二人組の強盗が入ってきて、店と客から金品を奪って逃げたということがあったという。ブラジル人だった。それ以来、客が来たら、覗き窓から客を見て、お馴染みさんか、日本人かなどを見わけるのだ。あやしそうな人物だとドアを開けずに追い返すのだという。リベルタージで、店をやってゆくための自衛策である。

そんな物騒な話をしながら、「津軽」のなかには、和気藹々とした雰囲気が漂っていた。少なくても、強盗に早変わりするような危険性はないと判断された私たちは、サンパウロに宿泊していた間、「津軽」に通っていた。オールドカマーの日系人、ニューカマーの日本人からいろいろな話を聞けるのが楽しみだったからだ。

「津軽」には、おカミさんのほか、いつの間にか流れ着いて、住み着いたというシェフのおじさんや、お手伝いに来ている若い日本人女性がいた。やはり、ブラジルにやってきて、住み着いているニューカマーの日本人だ。おカミさんも、戦後にブラジルに来た戦後移民で、東北人的な口の重さで、それまでのライフヒストリーを彼女の口から聞くことはできなかった。

しかし、ブラジルに行き始めてから三年目、リベルタージの馴染みのホテルに泊まった夜、久しぶりに「津軽」に行ってみたら、ドアがしっかりと閉まっていた。ポルトガル語で書かれた閉店のお知らせが、ドアに貼ってあった。九十数歳のおカミさんが突然、亡くなり、後継者もなく、代わって店を切り盛りする人もいなくて、店が閉まってしまったのだ。毎夜毎夜、ここに集まって談論風発していた日系人、日本人たちはいったいどこへ行ってしまったのだろう。「津軽」の代わりになるような溜まり場としての酒場がほかにできたのだろうか（しかし、それはもはや「津軽」の雰囲気とはまったく別なものになってしまっているだろう）。

こうして、また一つ、リベルタージから「日本」が消えてしまった。それは、日本にももはや少なくなった、二度と戻ることのない、サンパウロのなかの「日本」だったのである。

4. 二人の文学者

ブラジル、アルゼンチンを含めた南米の日本人移民について網羅的に語ることはとても難しい。私はここで、二人の日本人(日系)文学者について語ることで、ラテンアメリカへの移民たちの文学表現の一部を見てゆくことにする。

松井太郎(一九一七~二〇一七)と増山朗《あきら》(一九一九~二〇〇六)の二人である。もちろん、この二人にブラジル日系文学とアルゼンチン日系文学を代表させることは、私個人の偏見に過ぎないかもしれない。私が南米での旅(調査)で、たまたま彼らの作品に出会ったというのが、本当のところであるからだ。

とりわけ、ブラジルの日系文学には、『コロニア文学』という文芸雑誌を中心として、膨大な作品群がある。『パウリスタ新聞』などの日本語新聞にも、日系文学の歴史とその内実が豊富に示されている。それらに発表された作品を、見て見ぬふりをして、ブラジル日系移民文学を語ることは、本来できない。だが、そうしたことを踏まえても私が松井太郎の文学のみに絞って語ることには、いくつか理由と意図がある。

松井太郎は、私たちが日系移民の文学を調査に行き始めた頃には、百歳に近かったがご存命で、健筆をふるっているということだった。だから、その時に松井氏に話をうかがおうと思えば、それは可能だったのだが、私には臆するものがあった。それというのも、松井太郎については、すでに細川周平（一九五五〜）氏と西成彦（一九五五〜）氏が研究対象としてアプローチされており、二人の尽力により『うつろ舟』と『遠い声』という日本語小説が、日本で出版されていることを知っていたからである。

細川周平に『日系ブラジル移民文学——日本語の長い旅』二巻（二〇一二〜二年、みすず書房）という大著があり、小説に限らず、短詩系や新民謡、歌謡詞的なものにまで目を配り、比類ない膂力によってまとめた貴重な業績である。

ただ、その大きな成果を割り引くわけではないが、雑誌『コロニア文学』の合本の『コロニア文学全集』や『コロニア万葉集』、『コロニア小説選集』全四巻や『コロニア随筆選集』全三巻などの資料がまとまっていなければ、細川氏の〝長い旅〟は、未だ途上にあるという可能性があったのではないか。つまり、それまでに、前山隆（一九三三〜）、醍醐麻沙夫といった〝コロニア文学〟の（研究、評論、実作）についての先駆者たちがいて、これらのテキストを豊富に残しておいてくれたからこそ、後発の研究者たちの指針ともなり、目標点を示してくれることともなったのである。

松井太郎は、そうした〝コロニア文学〟のなかでも、細川氏が発見し、再照明を当てた文学者といえるだろう。開拓移民として農業に従事し、六十代から文筆に携わり、百歳になんなんとするまで旺盛な創作力を示していた松井太郎は、日本文学に見られないスケールの大きい、稀有な文学者といえるだろう。その創作は、細川氏らの手によって、日本の文芸界に紹介され、日本語による文学の新しい可能性を実現させたものとして高く評価されたのである。だから、今更私が松井太郎のことを、自分が発見したかのように語ることに臆するところがあった。

しかし、松井太郎の文学を私が重ねて語ることにも、それなりの意味があるのではないかと、思い返した。私なりの松井太郎の小説を紹介することは、決して屋上屋を架することではなく、松井太郎がさまざまな見地から読まれる多様なテキストであることを意味しているのだから、である。

5. 松井太郎の文学世界

大河アマゾンの支流の辺で漁労を営む日本人移民の漁夫がいた。主人公であり語り手の「おれ」、神西継志（通り名はマリオ）という日系移民二世で、白人系の妻アンナに暴行を働こうとしたということで精神病を疑われ、経営していた農場を妻の家族に奪われ、妻と離別して風来坊となった。

彼は、自分一人で支流の河岸の土地で養豚などをして暮らしていたが、それも山火事で失ってしまう。家畜も、小屋も、施設も、備蓄していたトウモロコシの山もすべて焼失してしまったのである。川岸の密林を行く途中、赤ん坊を抱えた原住民（日系でもある）の女性エバを助け、夫婦となるが、エバは熱病であっさりと死に、彼は彼女の忘れ形見の息子（マウト）を連れて、川魚の漁師のところに弟子入りし、その後を継ぎ、アマゾンの大鯰を相手とする漁師として生きてゆこうとする。

しかし、災厄は次から次へと彼に降り注ぐ。大洪水は漁小屋やカヌーを流しただけではなく、先代から受け継いだ秘密の貴重な漁場を失わせた。それからようやく立ち直った頃、成長して父親の仕事を手伝うようになったマウトは、「おれ」に反抗する（母親のエバを父親が殺したという噂を信じたのだ)。息子を傷つけたという理由で彼は牢獄に入れられ、親子の仲は断絶する。漁小屋を焼き払われた彼は、昔馴染の農場へ行き、エイズのマリア・イレネという女性と結婚するが、彼女はほどなく死ぬ。

標題の〝うつろ舟〟が、大河アマゾンの流れのように、運命の荒波によって転々とさせられる主人公の「生」の姿を象徴していると考えて間違いはないだろう。ただ、そこには、日本語の表現としての〝うつろ舟〟という言葉に感じるような虚無感はもちろんのこと、湿った感傷性や情緒性は皆無である。

主人公に降りかかってくる苦難や困難は、物語の因果応報や勧善懲悪的なストーリーや思想とはまったく離れていて、「大自然」そのままの在り方にほかならない。

野火、洪水、疫病、父と子の葛藤といった災厄が、まるで旧約聖書のヨブ記のように「おれ」に降りかかってくるのだが、それは人間的な理由や原因や根拠のあるものではなく、ただ宿命として存在するだけなのだ。ただただ、荒々しく小舟を翻弄する大河の波は、象徴性や記号性を持つことなく、「大自然」のままに、無根拠に、無意味に、災難を主人公に降り下ろすのである(ただし、それは宗教的なものでもない)。

こうした根底的な「大自然」の営みが、松井太郎の小説の基幹となっており、人間的な意図や思想や希望を持つ物語へと小説が収束されるのを拒むのが、彼の文学世界の特徴であるといえるだろう。それは、日本文学離れしたものであり、日本語で書かれながら、日本語文学の感性や感覚を拒否し、極点にまで、その一貫した物語性を拒むのだ。まさに、大アマゾンの人知を超えた原始的な「大自然」の圧倒的な力の前にこそ、微小な人間たちの営みがあって、それは人間のさかしらな因果応報や、勧善懲悪的な倫理・道徳の持つ湿ったヒューマニティーを完全に超克したものなのである。

そもそも、「おれ」が、一時的な狂乱によって妻を害しようとしたという作品冒頭の狂乱は、「おれ」にとってもわけのわからないプリミティブな衝動としてしか描かれない。山火事や大洪水と同様に、それは人間の根源に潜む暴力性のようなものであって、「自然」そのものなのだ。エバ、イネス、マリア・イレネといった「おれ」に関わる女性たちはまるで草木の枯れるように、あっけなく死んでしまう。それはまさに摂理であり、「自然」の過程のように描かれる。彼女たちとの、三年、五年といった歳月が、またたくうちに過ぎてゆき、時間は川の流れのように不可逆だ。人間と人間との愛憎や葛藤は、「大自然」という巨大なスクリーンの手前のちっぽけな影絵のようなドラマでしかない。

『うつろ舟』を、一種のピカレスク・ロマン（悪漢小説）、あるいは冒険小説ともいってもよいだろう。アマゾン流域の荒くれ者、流れ者といっていい主人公の物語が、洪水、疫病、犯罪、復讐といったエピソードを織り込みながら、大河の流れのように展開される。日本語で書かれているのだが、その迫力や作品空間の広がりは、〝日本文学離れ〟したものだ。そこには十六世紀の作者不詳の中篇小説『ラサリーリョ・デ・トルメスの生涯』以来のスペイン語文学のピカレスク小説の遺伝子が伝えられているようにも思う。それはメキシコの作家フアン・ルルクォ（一九一七〜一九八六）が、『燃える平原』や『ペドロ・パラモ』で描いたような革命ゲリラともギャングともつかない荒くれ男たちの活動する荒野の世界となる。

ピカレスク・ロマンは、ブラジルに伝わって、民衆詩歌や民衆絵本の世界となり、松井太郎は、そうした伝統的詩型（コールデール版＝紐つり本）を使って日本語による「ジュアゼイロの聖者」という作品を書いている（『ブラジル日本人作家松井太郎小説選・続　遠い声』松籟社）ややや古風な文体で「おれ」という一人称で語られる松井太郎の『うつろ舟』のような小説は、日本文学だろうか、それとも、作品世界となっているアマゾンの風土を描いていることから、ブラジル文学と呼ぶべきだろうか。クレオール文学、メスティゾ（混血）文学といった言葉も思い浮かぶが、ぴったりとしない。〃もうひとつのラテンアメリカ文学〃としての「日本語文学」と呼ぶしかないかと、ようやく思い至ったのである（まだ、その定義に〃安住〃しているわけではない）。

ブラジルに「準二世」（子供の頃に家族とともにやってきた日系人）の移民として、一九三六年に渡泊し、数々の苦難を体験しながら現地に生活基盤を築き、隠居後に日本語による創作活動に入ったという松井太郎は、百歳近くまで旺盛な創作力を示していたが、二〇一七年に死去した。彼は、普通なら晩年とされる年齢から本格的な創作活動を始め、驚異的な力によって文学活動に邁進した。これを、私は松井太郎の小説が〃日本文学〃離れをしたものであり、彼の文学の〃ラテンアメリカ文学性〃と呼ぶ由縁である。

ラテンアメリカ世界ではもっとも日系人が多いブラジルにおいても、「日本語文学」の専門作家として立つのは容易ではない（どころか、不可能だ）。自分で少部数の私家版の作品集を作り、時には『コロニア文学』や、その後継誌『ブラジル日系文学』に作品を発表するという形態が、現在のブラジル「日本語文学」のあり方であるようだ。松井太郎、そしてやはり日系移民の世界を短・中篇小説として描き続け、私家版作品集を発刊し続けている伊那宏などの日系人作家らは、そうした方法で、ブラジルの大地・大河から、日本語による文学作品を発信しているのである。

6. グワラニーの森のなかで

アルゼンチンには、増山朗という文学者がいた。彼の代表作である『グワラニーの森の物語』（インパクト出版会）は、アルゼンチン移民である増山氏が、『巴茶媽媽』（一九八九年〜一九九五年、通巻十号）という同人雑誌に連載していた長篇小説である。

南米で調査を始めてから二年目、アルゼンチンで日本人移民の文学を探していた私たちは、一九七〇年代に、ブレノスアイレス在住の日本人、日系人の間で『巴茶媽媽』という文芸同人誌が出されていたことを知った。〝パチャママ〟と読み、これはインカ族の言葉で、神話・伝説として伝わる大地母神（母なる大地）の名前だという。日本大使館が別館として持つ日本文化館の図書室や、『ラプラタ報知』社のベテラン記者・崎山朝一（一九三四〜二〇一五。加藤秋邨とや金子兜太に師事し、俳名・風子として特異な自由律俳句を作った。アルゼンチンでの調査では、とてもお世話になった）氏から原本を譲ってもらったり、コピーをしたりして、私たちはようやく全冊を揃えることができた。

左端が増山朗

それを読みながら、私が着目したのが、連載されていた『グワラニーの森の物語』という長篇小説だった。グワラニーの森というのは、有名なイグアスの瀧のある地域で、アルゼンチン（ブラジル、パラグアイとの入り会いの地域でもある）の大自然を代表する原生林で、そこから生物も、人間も、文化も、神話も、すべてが生まれてきた根源としての〝森〟なのである。アルゼンチン開拓の歴史を縦軸として、そこに日本人移民の歴史が横軸として織り込まれているのである。

この長篇小説は、編集同人自身が、自分でワープロで打った印刷の誌面で、決して読みやすいものではなかった。だが、私はそれを読みながら、これは活字化して日本で出版するだけの価値があるのではないかと思い始めたのだ。『巴茶媽媽』（やその同人たち）については、私たちの調査団の一員だった守屋貴嗣氏の「アルゼンチン日本語文学論――『巴茶媽媽』についてー」『法政大学大学院紀要』(二〇一二年)に詳しい。

長篇小説としては、構成がうまくなされていず、ストーリーもあっちこっちに動いた結果、サイド・ストーリーの方がメインのストーリーをそっちのけにして、滔滔と語られるという構造上の失敗と思われる箇所もあった。余計な枝葉と思われる挿話も少なくなかった。だが、それは作者が、南米移民の歴史に関する情報を全部詰め込もうとする熱意のあまりの迸《ほとばし》りであって、全体小説を目指す情熱によるものだった。

しかし、それ以上に、南米の日本人移民の物語を総合的に、幕末・明治の最初期の時代から物語る小説は、まさに南米移民についての「全体小説」という趣きがあった。これまで、日本語でこのような小説が書かれたことがなかったと思わざるをえなかった。それだけでも、この小説には、出版するだけの意義がある。私は本書刊行元のインパクト出版会の編集者と相談して、増山朗作品集として『グワラニーの森の物語』と短篇小説二編を収録して作品集として刊行することを決めたのである。

この作品は、アルゼンチン移民だけを登場人物としたものではなかった。ペルーから始まり、ブラジル、アルゼンチンその他に国々へと移動していった南米の日系移民全体の歴史を対象にしており、それを一人の主たる登場人物・田中誠之助を媒介として語る、気宇壮大な物語なのである。まさに、ラテンアメリカ文学的なのだ。

物語は、尚吉とナルシサの末の息子のアンヘリトが死ぬ場面から始まる。尚吉は北海道の石狩平野のはずれに生まれ、移民としてアルゼンチンへ渡ってきた。その地で妻となるナルシサと出会い、ミシオネスの原始林を開拓しながら三人の子供をもうけたが、十歳のアンヘリトが亡くなる。「願くはアンヘリトの魂よ、我と共に遊べよ」というのが、物語のプロローグとなっている。夭折したアンヘリトが好きだったミシオネス州（アルゼンチンの北東部に位置し、ブラジル、パラグアイの国境に接している。イグアスの滝があり、古来、先住民グアラニー族の故地）の密林、グワラニーの森を愛していた。いわば、この長大な物語は、亡児の魂へ手向けたものだったのである。

ただし、作品が「中編」に入ったところで未完に終わったため、尚吉とナルシサの夫婦は、冒頭の場面だけであとは作中にまったく出てこない。たぶん、最終章において、また尚吉、ナルシサ、アンヘリトの物語に再び語られて、大団円を迎えるものだろうと予想できるだけだ。

次からは、移民の帰山《かえりやま》一家と、鹿児島出身の若者、田中誠之助の移民の物語となる。いずれも実在の人物をモデルとしたもので、田中誠之助は、いくつかの南米訪問記を残している。作者はこれらの書物から、自由に田中誠之助の人生の軌跡を想像をまじえて紡いでいったのだろう。

作者の増山朗が「大正八年二月二日、北海道石狩国札幌郡つきさっぷ村の農家に生まれる」（「同人紹介」）とあるから、作中の「尚吉」は、増山朗自身をモデルとしたものと考えられ、物語全体基底から支える語り手となっていると思われる（増山朗には、ミシオネス地方も既往地である）。

もし、『グワラニーの森の物語』が完結したとしたら、もう一度、尚吉――ナルシサの夫婦の物語に作品全体が回帰するという構成になっていたと思われる。つまり、それは亡児アンヘリトの哀悼は、南米における日本人移民の苦闘の死者全員に向けての哀悼であり、追悼の物語としてこの一編が書かれたことを示しているのだ。いや、それは日本人だけではない、グワラニーの森に生きた先住民や白人たちも含めて、人間も動物も含めて、生きとし生けるものへの追悼であり、讃歌であり、それらの魂への呼びかけであったともいえるものであったと思う。

「一移民の書いた移民小説」というのが、この長篇の副題であって、実在した日本人移民の事績や、作者の増山朗自身も時折作中に姿を現し、日系移民だけではなく、白人によるアルゼンチン移民の開拓史とキリスト教発展史、さらに作者の出身地である北海道の開拓の歴史までも含みながら、作品は長大に展開される（詳述は避けるが、北海道の開拓移民の歴史も辛酸を窮めている。小説作品としては本庄睦男（一九〇五〜一九三九）の『石狩川』（新潮文庫）、久保栄の『のぼり窯』（新潮社）、開高健（一九三〇〜一九八九）の『ロビンソンの末裔』（新潮文庫）などをあげることができる）。つまり、『グワラニーの森の物語』は、移民自身が描いた移民の「全体小説」なのであって、その規模の雄大性、構成のハイブリッド性において、やはりこの作品を、日本語によって書かれた〝ラテンアメリカ文学〟と呼ぶことに躊躇させないのである。

7. 最後の開拓者の文学

松井太郎と増山朗の両者の作品を読んで、私が考えたことは、ここに〝もう一つのラテンアメリカ文学〟がある、ということだった。私の高校生時代、集英社から世界文学全集が出て、そこに多くのラテンアメリカの作家たちの作品が収録されたことがあった。ホルヘ・ルイス・ボルヘスをはじめとして、マルケスやリョサやコルタサールが日本の読書界にも驚きをもって迎えられた時期だったのだ。

それは世界的なラテンアメリカ文学の〝ブーム〟の一端だった。日本でもラテンアメリカ文学全集が刊行され、その目眩くようなマジック・リアリズムの世界に浸ったのは、私だけではなかった。大江健三郎（一九三五〜）、中上健次（一九四六〜一九九二）、池澤夏樹（一九四五〜）、さらに中国の莫言（一九五五〜）や鄭義（一九四七〜）など、ラテンアメリカ文学の影響を抜きには考えられない文学世界を展開し始めたのである。

これらの文学作品は、ラテンアメリカのいわば共通語であるスペイン語で書かれていた。一国だけの読書人口や、文芸出版界だけのことを相手には、ラテンアメリカ文学の〝ブーム〟はありえなかった。しかし、ラテンアメリカ文学＝スペイン語文学ではない。それはもう一つのラテンアメリカ文学の大国ブラジル（ブラジル語＝ポルトガル語）を無視することであり、それはどう考えても片手落ちのものだ。私は、以前からブラジル作家であるジョルジェ・アマード（一九一二〜二〇〇一）の小説が好きであり、私のラテンアメリカ文学の本棚からは抜き出すことのできない作品なのだ。

こののち、私は、カレン・テイ・ヤマシタ（一九五二〜）の『ぶらじる丸』のような、英語で書かれた〝ラテンアメリカ文学〟があることを知った。とすれば、日本語で書かれた松井太郎や増山朗の小説も、〃ラテンアメリカ文学〃という範疇に入れてもいいのではないか。いや、むしろそのほうが彼らの作品を遇するのに、より適当なのではないかと思ったのだ。

松井太郎と増山朗は、同じような環境のなかで小説を書き続けた作家だった。一九一七年に神戸に生まれた松井太郎は、十九歳の時に、父の失業を機に、一家でブラジルに移民した。最初はサンパウロ州の奥地で農業に従事し、一家は四年後には二十五ヘクタールの農地を持つ小地主となった。戦後、妻と子どもを伴ってモジ・ダス・クルーゼス市の郊外に移り、安定した生活を営むようになった。息子がサンパウロ市にスーパーマーケットを出したのを機に隠居し、還暦以降、好きだった文筆活動に専念し、『コロニア文学』『ブラジル日系文学』などの雑誌に掲載した作品を、ワープロ原稿をコピーして製本した『松井太郎作品集』を刊行している。そのなかから、代表作「うつろ舟」を中心に四篇の短編小説をまとめた『ブジル日本人作家松井太郎小説選　うつろ舟』が、二〇一〇年に京都の出版社である松籟

ブエノスアイレス市内

社から刊行され、日本でも広く知られるようになったのである。

増山朗は、前述のように、「大正八年二月二日、北海道石狩国札幌郡つきさっぷ村の農家に生まれ」、札幌第一中学、北日本植民学校を経て、一九三九年に「外務省農業実習生」としてアルゼンチンに農業実習移民として渡った。以来、アルゼンチン全土をほぼ踏査した。その後、蔬菜中心の農業に従事すると同時に、その流通過程や普及にも努力し、ブエノスアイレスに野菜・蔬菜市場を開設するのに尽力した。

文学活動面では、一九八九年九月に『巴茶媽媽』を、若い同人たちとともにブエノスアイレスで創刊し、中心的な書き手となるとともに、雑誌刊行の実務的な作業も行なった。これは増山朗が七十歳となり、社会的な実務から離れるようになったのがきっかけだった。

つまり、松井太郎も増山朗も、実際に南米開拓の鍬を持ち、大地や原始林との闘いを実践した開拓農民だったのだ。現実に農業移民としての長い実績を持ち、農業の実務から引退（隠居）した頃から、若い時からの夢でもあった小説執筆活動に入ったという、きわめて〝遅咲き〟の作家だったのである。

こうした彼らの文学的実績が〝日本人〟離れしたものであることは明瞭であり、作品の内実を伴って、近代日本文学のなかから生まれながら、日本文学（日本語文学）の枠を大きく飛び越えたものであるということができる。

松井太郎といい、増山朗といい、還暦を過ぎてから文芸創作に打ち込み、高齢に至っても、まだその活動を続けていた（いる）というエネルギーは、どこから来たものだろうか。一言でいえば、ラテンアメリカの大地の文学の豊饒性に帰するとしかいいようがない。ブラジル語（ポルトガル語）作家のアマードや、ブラジル近代文学の〃父〃といっていいマシャード・アシス（一八三九〜一九〇八）、『大いなる奥地』のジョアン・ギマランエス・ローザ（一九〇八〜一九六七）、ノーベル文学賞を受賞したグァテマラのアストゥリアス、コロンビアのガルシア・マルケス、メキシコのオクタビオ・パス（一九一四〜一九九八）、ペルーのバルガス・リョサ、そして詩と短篇小説によって現代文学の巨匠となったアルゼンチンのホルヘ・ルイス・ボルヘス。これらの作家、作品は、まさにラテンアメリカの大地母神である〃パチャママ〃が生み出した果実であって、そこに松井太郎や増山朗の仕事を、そっと置くことも、また可能なのではないだろうか。いわば、彼らはラテンアメリカの広大な大地に鍬を打ち込みながら、「文学」という小さな領土を開拓していった、文字どおりのパイオニアだったのである（文学の開拓者であり、開拓者の文学であったのだ）。

ポルトガル語、スペイン語、日本語、そして北米日系三世の英語作家として前述したカレン・テイ・ヤマシタがいる。彼女は、『熱帯雨林の彼方へ』（風間賢二訳、一九九四年、白水社）や、『ブラジル丸』〈未訳〉などの日系移民やその子孫をテーマとした小説を書いている。その作品は英語で書かれていながら、幻想的な空想力と想像力で描かれており、ラテンアメリカ文学の特徴であるマジックリアリズムを自家薬籠中のものとしていると評することができるだろう（彼女の中称の「テイ」は、日本人の祖母「てい」から取ったものであると証言している。日系人としてアイデンティティーを保ちながら、それはそのままボーダーレスの作品世界を支えるものとなっている）。

つまり、〝ラテンアメリカ文学〟は、多彩で豊饒な、多くの異なった民族語の〝言の葉〟の繁れる世界であることが本質なのではないか。アマゾン河流域の深い樹海のように。「もうひとつのラテンアメリカ文学」とは、スペイン語のみで書かれる文学の謂いではなくて、その中にポルトガル語はもちろん、英語、日本語、韓国語、中国語などの多言語による、移民や越境者たちによる言語空間を基にして展開されている文学空間なのではないだろうか。

晩年のボルヘスは、俳句や短歌などの日本の短詩型文学に関心を持っていたという。これは彼の晩年の伴侶となった日系人マリア・コダマ（一九三七〜）の影響もあるかもしれないが、短く、一瞬の世界の断面を切り取る俳句の表現に、冗長さを嫌い、短篇小説の象徴性に自分の文学的本質を見ていたボルヘスが、日本の短詩型という伝統的詩歌に注目し、スペイン語による「ハイク」の可能性を示していたことはまことに興味深い。日系移民たちがラテンアメリカに持ち込んだ、日本語による俳句や短歌の実践的創作は、日本語人口が減少するにつれ、その最盛期をとうに過ぎつつあるが、そのかわりにスペイン語やポルトガル語による「ハイク」が試みられているのである。

日本文学、ブラジル文学、韓国文学というように、国別、民族別に「文学」を輪切りにするような考え方は、もはや棄てなければならないだろう。日本語文学、スペイン語文学、さらにラテンアメリカ文学、アジア文学という広領域の文学世界を設計することによって、私たちは本当の「世界文学」の領域に接近することができるようになるのである。

百五十年になんなんとする日本人の海外移民の歴史は、その終幕近くにおいて、日本語文学でありながら、ラテンアメリカ文学でもある二人の象徴的な作家、松井太郎と増山朗を生み出し、その歴史を閉じようとしている（長命だった二人が故人となった今においては、それは閉じられてしまったといわざるをえないかもしれない）。

ハポネス移民村（それは、開拓された農村ということだけなく、日本語による〝文学的共同体〟という意味でもあった）の物語は、ここでいったんのプロローグを迎えることになったのである。

あとがき

西暦二〇〇八年は、ブラジルの日本人移民百年の記念すべき年だったが、私は迂闊なことに、何も考えずに過ごしてしまった。文学関係では、あとで文芸雑誌『すばる』が百年記念の特集を行っていたことを知ったが、その時は何とも思わずやり過ごしてしまった。それから二年後に、南米の日系人移民の文学研究の調査を思いついたのだから、間が抜けているというか、タイミングがずれているというべきか、時勢に疎いといわれてもしかたがない。

もちろん、南米の各地に日本人が移民し、そこに「日本語」の文化圏があり、日本語による文学活動が行われていたということに、まったく関心も知識もなかったというわけではない。『コロニア文学』という文芸雑誌がサンパウロで刊行され、そこに掲載された作品の精選集として『コロニア小説選集』という日本語による日系人の作品集が現地で出されているとか（『コロニア随筆選集』もある）、『コロニア万葉集』（一九八二年）のことも、岡松和夫（一九三一〜二〇一二）の『異郷の歌』（一九八五年、文藝春秋）を読んでいて知っていた。藤崎康夫（一九三六〜）、醍醐麻沙夫などの南米に取材した作品もいくつかは読んでいる。しかし、遠い、地球の裏側のブラジルへ行き、そこで日系人の文学を調べてみようという気にはなかなかなれなかった。時間と費用の問題もあるが、何よりも今ひとつ、自分を動かすモチベーションが足りなかった。

リオ・デ・ジャネイロのカーニバルは、一度は見てみたいし、サンバも楽しそうだ。映画『黒いオルフェ』（マルセル・カミュ監督、一九五九年）は、リオのカーニバルを舞台とした心に残る名画だったし、ジャン・ポール・ベルモンド主演の『リオの男』（フィリップ・ド・ブロカ監督、一九六四年）は、素敵な面白さだった。

文学でいえば、『老練なる船乗りたち』の旺文社文庫の翻訳以来、『カカオ』や『果てなき大地』などが多数の作品が翻訳されているジョルジェ・アマード（どうしてノーベル文学賞を授賞されなかったのか不可解だ）は、とても好きな作家だ。アマゾン河流域の野生に生きる人々を描いたレヴィ＝ストロース（一九〇八〜二〇〇九）の『悲しき熱帯』のフィールドにも行ってみたい。

しかし、それだけでは片道二十四時間の飛行機便の苦痛に耐えてまでの旅に踏み出すには、何かが欠けている。だが、とりあえず、行ってみないことには始まらない。私はエコノミー症候群の恐怖と戦いながら、サンパウロはリベルダージ（日本人街＝東洋人街）のホテルにようやく到着した。二〇一〇年八月のことだった。

資料集めから始めた。サンパウロ人文研究所や移民資料館の図書館には、古びたものも新しいものもごちゃまぜで、日系人移民による日本語文献が多くあった。文学同人誌、詩歌集、散文集、創作集、自伝・ノンフィクションなど、文学関係のものも決して少なくない。邦字新聞や邦字誌など、正直、うんざりするといっていいほど（失礼な言い方だが）たくさんある。購入したり、貰ったり、コピーをしたりしたが、一か月未満の滞在で、間に合うはずがない。何年か続けて通わなければ、資料収集に加えて、それを読み、研究・分析するという作業が終わるとは思えない。資料を集め、ホテルの部屋でそれをぱらぱらと読み、トランクや鞄に詰める。最初は、ブラジル日系移民の文学史を編むつもりだった。だから、それはあくまでも「文献」あるいは「資料」に対する読み方だった。

つまり、その時代にそこで書かれたということが重要であって、文学的な価値や作品の質など度外視していたのである。だが、『コロニア小説選集』の第一巻から読み始めて、私はそれが傲慢な思い違いであったことに気がつかざるをえなかった。確かに、それは日本の専門的な作家たちの日本語に較べれば、荒削りであり、稚拙であり、作品の作り方も杜撰だったりするのだが、日本語で何かを表現しようとする情熱や迫力は、決して日本のプロの文学者たちに劣るものではなかった。

もちろん、私は商業的に成立した日本の文壇の背後に、「中央」に対する地方〝文壇〟や、いわゆるアマチュアの文学者たちが犇めいていることを知らないわけではない。ブラジルの日本語文学の世界も、そうした「文壇の中心」から遠く離れた、ローカルで特殊な〝文壇〟である（あった）ことを、一概に否定するつもりはない。筒井康隆（一九三四〜）の『大いなる助走』（一九七九年、文藝春秋）が描いたような、文学同人誌内部の笑うべき〝小文壇〟内の覇権争いのようなものが、『コロニア文学』を中心とするブラジルのローカルな日本語文学の世界になかったとはいえないだろう。日本から有名な作家が来れば、甘んじてその素材提供や取材協力を請け合うこともあっただろう（北杜夫の『輝ける碧き空の下で』は、そうした経緯で書かれた）。しかし、それとは別個に、ブラジル（ラテンアメリカ）で、日本語の文学を作り出そうとする試みが持続されていたことを、私は知ったのである。終章では、そのことを書いたつもりだ。

それと同時に、移民たちの生活や歴史、国策や国際的な政治状況のなかの移民たちにも、格別の興味を持たざるをえなかった。実際に移民の人たちの一世、二世、三世の話を聞いたり、子どもたちや老人の作文や記録を読むことによって、文学的な営みの根底にある「生活」を関心を向けざるをえなかったのである。そうした文章が文学作品としての創作に劣らぬ「文学」として私の目には映った。もちろん、ごく狭い範囲だが、ラテンアメリカの各国の「移民村」を直接にフィールド・ワークしたことが、私のそうした関心と興味の原点となった。

一人一人のお話は、それだけで波乱万丈な物語であり、一編の長編小説になりそうな文学の原石のようなものだったが、残念ながら私にはそれを光り輝く宝石とする研磨力がなかった。ほんのつまみ程度の聞き書として収録したのだが、私の性格のちゃらんぽらんさによって、正確でもなければ、詳細でもない、杜撰なものとなってしまったことは、何よりお話ししていただいた方々にご海容を願わなくてはならない。どこの移民村においても、温かく応対してもらったことは、私たちにとって、とても幸運なことだった。

ただ、この本で私が書こうとした〝移民の時代〟の〝移民の物語〟は、もはや終わったと思わざるをえない。現在、生起しているのは〝難民の時代〟の〝難民の物語〟である。

もちろん、移民と難民とは表面上、類似している。だが、移民が個人や家族や集団の〝自由〟意志による、国家の体制に支えられた、グローバルな人的交流だとしたら（たとえそれが欺瞞的なものであったとしても）、生活してきた場所から暴力的に無理矢理に引き離され、ディアスポラ（離散民）として、他国や他郷、他の地域に移動せざるをえなかった難民は、移民と同列に論じることはできないのだ。

移民は、国民国家の存立を前提としている。いわば、移民は国家を背負って移動しているのであり、移動先においても、原則的に、国家や民族のアイデンティティーの旗を降ろすことがない。もちろん、二世、三世となって、その母国の「国家」を認識しないようになることも珍しくなく、むしろその方が自然といえるかもしれない。そこから、「国民国家」から〝見棄てられる〟、すなわち〝棄民〟という問題が生起する。

交通機関や通信機械、情報機器の発達によって世界がますます狭隘化する時代にあって、ボーダーレス（越境）は一層進展すると思われていた。すなわち、国民国家の枠が緩む（自由化される）と考えられていたのだが、逆に国境に新たに壁を作ったり、鉄柵で囲い込む、収容所に収容する、といった政策を取る国、地域は少なくなっていない。アメリカ―メキシコ国境、パレスチナのガザ地区など、むしろ、国境の壁は、厚く、高くなっているのかもしれない。昔の〝移民の時代〟のほうが、人々の、国境や海を越えた流れは、自由で闊達だったかもしれないのだ。

日本国内では、3・11の原発事故以来のフクシマ難民が生まれ、シリアやイラクや北アフリカ地域の戦闘、内戦、爆撃、破壊、政治的混乱による、ヨーロッパに向かっての大量の避難民の群れが生まれている（それは戦争難民と、経済難民などとを区別する必要はない）。

シリアやイラクやイエメンのように、相次ぐ内戦や他国の干渉、内乱、内紛によって国家の態をなしていない国家は、国民の避難や逃亡、流出や移動を押し留めることができない。イスラエルという強力な「（ユダヤ人の）単一民族による国民国家」（これも幻想にしか過ぎないのだが――イスラエルには多くのアラブ人がいる）として軍事国家イスラエルから追い出され、ガザ地区へと閉じ込められたパレスチナ人のように、国民国家以前の体制しか持たない人々も、また移民ではなく、難民といわざるをえない。

おそらく、今後の日本において送出国としての〝移民問題〟が真正面から論じられることはほとんどありえないだろう。国策としての移民政策は、その歴史的な役割をすっかり終えたからだ。アイヌ民族や在日コリアン、〝沖縄人〟を包摂して、日本という国民国家は、弛緩しながらも、安定した枠組みや体制を維持しているように見える。

しかし、3・11の国家的危機を通じて見えてきたのは、独立した国民国家としての日本の存立の土台が危ういものであったという自覚だ。端的にいうと、アメリカに従属した日本という国家に、戦前のような国民国家を翹望するような国家意志は、ない。国民を分断し（本土と沖縄、フクシマを差別するように）、国民間の経済的、文化的、社会的な格差を放置するような政権に牛耳られた「国」が、国策としての移民を提起することはありえないだろう。それは、一部の「国民」を〝棄てる〟

ことによって、残った国民のよる国家を強化するという意味があったのだが（中国の海外移民のような）、現在の日本にはそんな国家的意志はないからだ。

その代わり、様々な意味での難民問題が国内外で生起してくることは必定だと思われる。それがフクシマ難民のような原発事故や地震や津波の天災による難民が生み出されてくるのか、北朝鮮の国家的瓦解によってボートピープルのような難民が押し寄せてくるかは、予測することはできない。そうしたことに対する対応は、まったく準備されていない。〝移民の時代〟は終わったが、日本にとって〝難民の時代〟は、今、始まったばかりだからである。

ともあれ、私の足掛け八年にわたる中南米への旅は終わった。その体験を少しでも書き残しておこうと筆を執ってからも、三年ほどが経ってしまった。その間、私の個人的状況も変化したし、本書中に書いたことも、経年による変動があることはやむをえないものだろう。ここに書いたことは、二〇一〇年から二〇一七年にいたるまでの中南米の現地調査、文献調査に基づいている。そうした時空間を背景としたものとして、理解していただきたい。

私たちの調査旅行は「日系移民および韓国系移民による文学の総合的研究」という題目で、科学研究助成費（基盤研究 C23520248）助成金を受けた。本書はその成果の一部である。

参考文献（本書中にあげていないもので、参照した主なものだけをあげた）

【ドミニカ】

国本伊代・編著『ドミニカ共和国を知るための60章』二〇一三年七月、明石書店。

小林忠太郎『ドミニカ移住の国家犯罪——移民という名の偽装「海外派兵」』二〇〇四年十二月、創史社。

高橋幸春『カリブ海の楽園——ドミニカ移住30年の軌跡』一九八七年九月、潮出版社。

今野俊彦・高橋幸春編『ドミニカ移民は棄民だった——戦後日系移民の軌跡』一九九三年、明石書店。


【ボリビア】

中山寛子「第二次世界大戦後における沖縄からのボリビア移住に関する一考察——読谷村の集団移住を中心に——」二〇一八年三月、法政大学沖縄文化研究所編『沖縄文化研究45』。

梅垣義巳『ボリビア歌だより』（私家版）一九九三年五月。

国本伊代『ボリビアの「日本人村」——サンタクルス州サンファン移住地の研究』一九八九年、中央大学出版部。

寺神戸廣『ボリビア移民の真実』二〇〇九年十月、芙蓉書房出版。

マリー前村ウルタード、エクトル・ソラーレス前村『チェ・ゲバラと共に戦ったある日系二世の生涯——革命に生きた侍』伊高浩昭監修、松枝愛訳、二〇一七年九月、キノブックス。


【パラグアイ】

『パラグァイと日本』一九七三年五月、パラグァイと日本刊行会・ラジオ日系・パラグァイ新報社。

佐々木直『新天地「パラグアイ」に生かされて』二〇〇七年四月、金光教徒社。

かわかみひろし編著『すさまじいまでの生きざまに学ぶ　大地に刻む・いのちを刻む』二〇〇一年八月、日系ジャーナル社。

大久保好唯『伊藤勇雄の生涯　夢なくして何の人生ぞ』一九九五年一月、地方公論社。

野添憲治『海を渡った開拓農民』一九七八年六月、日本放送出版協会。

【コロンビア】

『コロンビア日本人移住七十年史』二〇〇一年三月、コロンビア日系人協会。

イネス・サンミゲル、加藤薫・野田典子訳『黄金郷を求めて――日本人コロンビア移住史』二〇一四年二月、神奈川大学出版会。

【ペルー】

芝生瑞和『フジモリ大統領とペルー』一九九一年、河出書房新社。

坪居壽美子『かなりやの唄　ペルー日本人移民一世紀の物語』二〇一〇年二月、連合出版。

【チリ】

竹内安雄等訳『きこりよめざめよ　ネルーダ詩集』一九五二年、大月書店。

大島博光訳『ネルーダ詩集』一九七五年、角川文庫。

【アルゼンチン】

『辻本昌弘『誇り――移動の近代を生きる　あるアルゼンチン移民の肖像』二〇一三年九月、新曜社。

【ブラジル】

レヴィ＝ストロース『サンパウロのサウタージ』今福龍太訳、二〇〇八年、みすず書房。

高橋幸春『日系人の歴史を知ろう』二〇〇八年九月、岩波書店。

細川周平『遠くにありてつくるもの』二〇〇八年、みすず書房。

香山六郎編『ブラジル移民四十年史』一九四六年。

ブラジル移民資料館資料館『目で見るブラジル日本人移民の百年』二〇〇八年四月、風響社。

岡村淳『忘れられない日本人移民　ブラジルへ渡った記録映像作家の旅』二〇一三年四月、港の人。

【北米】

逸見久美『在米十八年の軌跡1907〜1924　翁久允と移民社会』二〇〇二年、勉誠出版。

石川好『ストロベリー・ロード』一九八八年、早川書房。

水野真理子『日系アメリカ人の文学活動の歴史的変遷』二〇一三年、風間書房。

（本書中の写真は増山朗のもの以外はすべて筆者撮影による）

川村湊（かわむらみなと）
1951年北海道に生れる
◆著書
『作文のなかの大日本帝国』岩波書店、2000年
『風を読む　水に書く—マイノリティー文学論』講談社、2000年
『ソウル都市物語—歴史・文学・風景』平凡社新書、2000年
『妓生—「もの言う花」の文化誌』作品社、2001年
『補陀落—観音信仰への旅』作品社、2003年
『韓国・朝鮮・在日を読む』インパクト出版会、2003年
『物語の娘—宗瑛を探して』講談社、2005年
『アリラン坂のシネマ通り—韓国映画史を歩く』集英社、2005年
『村上春樹をどう読むか』作品社、2006年
『牛頭天王と蘇民将来伝説—消された異神たち』作品社、2007年
『文芸時評 1993-2007』水声社、2008年
『闇の摩多羅神』河出書房新社、2008年
『狼疾正伝—中島敦の生涯と文学』河出書房新社、2009年
『あのころ読んだ小説—川村湊書評集』勉誠出版、2009年
『異端の匣—ミステリー・ホラー・ファンタジー論集』インパクト出版会、2010年
『福島原発人災記—安全神話を騙った人々』現代書館、2011年
『原発と原爆—「核」の戦後精神史』河出ブックス、2011年
『震災・原発文学論』インパクト出版会、2013年
『紙の砦—自衛隊文学論』インパクト出版会、2015年
『戦争の谺—軍国・皇国・神国のゆくえ』白水社、2015年
『君よ観るや南の島 — 沖縄映画論』春秋社、2016年
『川村湊自撰集』全5巻、作品社、2015-16年
『銀幕のキノコ雲』インパクト出版会、2017年
『津島佑子　光と水は地を覆えり』インスクリプト、2018年
『ホスピス病棟の夏』田畑書店、2018年

ハポネス移民村物語

2019年1月25日　第1刷発行

著　者　川　村　　湊
発行人　深　田　　卓
装幀者　宗　利　淳　一
発　行　インパクト出版会
〒113-0033　東京都文京区本郷 2-5-11　服部ビル 2F
Tel 03-3818-7576　Fax 03-3818-8676
E-mail：impact@jca.apc.org
http://impact-shuppankai.com/
郵便振替　00110-9-83148

モリモト印刷